Manejo de la ira

El cambio de imagen mental de 21 días para tomar el control de tus emociones y conseguir liberarte de la ira, el estrés y la ansiedad

Manejo de la ira

Al leer este documento, el lector está de acuerdo en que bajo ninguna circunstancia el autor es responsable de las pérdidas, directas o indirectas, en las que se incurra como resultado del uso de la información contenida en este documento, incluyendo, pero sin limitarse a ello, - errores, omisiones o inexactitudes

Tabla de Contenido

PARTE 1

La Ira- ¿Un grito de ayuda o un deseo de control?

Día 1
¿Qué es la Ira?

La ira como una emoción poderosa

La ira es un sentimiento que todos conocemos, aunque la experimentamos y la expresamos de diferentes maneras. La causa habitual de la ira es una reacción a una decisión o tratamiento injusto, así como a la crítica, ser avergonzado en público, ser intimidado, sentirse impaciente, el comportamiento grosero de alguien, ser ignorado, perder, ser abandonado, y muchas más experiencias desagradables.

Sin embargo, aunque la ira es una parte perfectamente natural de la vida, no es algo que debamos alentar. Al contrario, la mayoría de la gente intenta controlar su ira, especialmente en situaciones sociales. Quizás hubo momentos en el pasado en los que estar abiertamente enojado era una habilidad de supervivencia crucial, pero en el mundo sofisticado y densamente poblado en el que ahora vivimos, el tener diferentes técnicas de supervivencia te ayudarán a tener éxito.

Como con tantas otras cosas en la vida, hay dos lados de la ira, puede ser una fuerza positiva y negativa en tu vida. Por el lado positivo, la ira a menudo sirve como una señal de que las cosas no están bien y de que hay que hacer algo al respecto; como, por ejemplo, si te enfrentas a un trato injusto, tienes que tratar con gente grosera o hacer cola durante demasiado tiempo. Sin embargo, a menudo nos enojamos por tener expectativas poco realistas.

La desventaja de la ira, especialmente la ira fuera de control incluye una larga lista de comportamientos que conducen a relaciones arruinadas, violencia doméstica, encarcelamiento, salud destruida, oportunidades estropeadas y más.

A menudo, la llamada ira primaria enmascara las emociones que son la verdadera razón de nuestra agresión. Las emociones secundarias más comunes que conducen a la ira son el miedo, que a menudo se manifiesta como ansiedad y preocupación, así como la tristeza, debido a una pérdida real o imaginaria.

La razón por la que estos sentimientos causan ira es que el miedo y la tristeza hacen que las personas se sientan vulnerables o amenazadas, y para evitar que se sientan abrumadas por estas emociones, las personas suelen pasar al modo de la ira. Una amiga mía dijo una vez que sólo cuando se comportaba agresivamente se sentía realmente viva.

Al cambiar el miedo a que tu pareja te induzca al enojo, subconscientemente te inyectas a ti mismo una dosis de adrenalina, lo que te hace sentir con energía y a cargo en lugar de sentirte indefenso y vulnerable.

Si se usa de manera positiva, este impulso de energía puede ayudarte a salir de una situación difícil o a encontrar una mejor solución a un problema. Sin embargo, si crear esta falsa sensación de confianza y control sobre una situación significa que realmente te vuelves agresivo y empiezas a abusar de los demás, la descarga de adrenalina que creó esta poderosa sensación probablemente creará más problemas en lugar de ofrecer una solución.

Autogestión de la ira

Guardarte la ira y tu frustración, seas consciente de ello o no, es una de las cosas más autodestructivas que puedes hacerte a ti mismo.

Si estás enojada contigo misma por no ser más atractiva, más exitosa o felizmente casada, empieza preguntándote qué es lo que te impide conseguir lo que quieres. Si te quedas con esta pregunta por un tiempo, te darás cuenta de que o bien no quieres realmente estas cosas o que el esfuerzo de conseguirlas superaría cualquier beneficio que vieras.

Desafortunadamente, no tener lo que te gustaría o que crees que mereces es a menudo el resultado de las elecciones que hiciste en el pasado y por las que ahora estás pagando: una pareja de por vida, una decisión de inversión equivocada, un trabajo sin futuro, y muchas otras cosas.

No tener lo que quieres es un tema complicado, especialmente si la razón por la que no puedes conseguir algo está fuera de tu control, como suele ocurrir. Aunque tener sueños puede ser una poderosa fuerza motivadora que puede ayudarte a superar los contratiempos, tener sueños poco realistas o no hacer lo suficiente para que ocurran sólo te hará sentirse triste, resentido y, lo que es peor, enojado contigo mismo por no haberte esforzado más.

Normalmente dirigimos la ira hacia afuera, hacia otras personas: como el gobierno, una persona en particular, o incluso la vida en general. Sin embargo, aquellos que dirigen su ira hacia sí mismos normalmente llegan a un punto en el que se manifiesta como autoodio o rechazo de ciertos aspectos de sí mismos en el que creen que son la causa de su fracaso en la vida. Así que, como en situaciones extremas la ira puede llevar al asesinato, el auto enojo puede igualmente llevar al suicidio.

La ira viene en muchos disfraces, como resentimiento, despotricar y delirar, o culpar. Pero también puede estar enmascarada por sentimientos como la impaciencia, la envidia, la culpa o la baja autoestima.

Entonces, ¿qué hacer si estás abiertamente o en secreto enojado contigo mismo? Además de aprender a controlar la ira, puedes hacer una de estas dos cosas.

<u>2 cosas que puedes hacer cuando te sientes enojado contigo mismo:</u>

- **Perdónate.**

  El hecho de que no seas lo que crees que deberías ser o tengas lo que crees que mereces podría deberse a elecciones de vida equivocadas, o simplemente a expectativas poco realistas. Sin embargo, aunque es necesario reconocer tus errores antes de poder avanzar, golpearte por algo que hiciste o dejaste de hacer no te llevará a ninguna parte. En lugar de revolcarte en la culpa o el odio hacia ti mismo, aprende de tus errores, enfrenta tus demonios (pensamientos culpables, sentimientos heridos, decepción) y deja de repetir una y otra vez en tu cabeza que eres un fracaso. Si puedes perdonar a los demás, ¿por qué no puedes perdonarte a ti mismo?

- **Averigua por qué sientes ira**

  Si la razón de tu ira está justificada, haz algo al respecto. Si no lo está, no te estreses pensando constantemente en lo injusta que es la vida, en lo ingratos que pueden ser los niños, en lo egoístas, groseros o arrogantes que son las personas.

  Si crees que te mereces algo mejor y crees que puedes usar tu ira para hacer que otros se den cuenta de la injusticia que han cometido contigo, puedes también hacerlo haciendo lo que crees que puede mejorar la situación.

  Sin embargo, no olvides que la ira a menudo engendra más ira, así como resentimiento y miedo. Para evitar los comportamientos y pensamientos autodestructivos, deja de pensar en el pasado (y en tus fracasos) y concéntrate en el presente (y en las nuevas oportunidades).

Aprende a entender tu ira

Antes de intentar controlar tu ira, tienes que asegurarte de que entiendes qué la está causando, REALMENTE.

La próxima vez que te sientas enojado, intenta calmarte para que puedas pensar claramente en lo que te hace sentir ese sentimiento. Esto no es fácil y probablemente tendrás que intentarlo más de una vez, porque a menudo nos convertimos en maestros en engañarnos a nosotros mismos.

4 pasos para entender tu ira:

1. **Reconoce tu ira**

   Deja de decirte a ti mismo (y a los demás) "Estoy bien". No puedes estar bien si en el fondo estás hirviendo de rabia. A menos que reconozcas que tienes un problema, no podrás empezar a buscar una solución.

2. **Identifica el sentimiento clave detrás de tu ira**

   Esto puede ser difícil, pero si estás acostumbrado a sintonizar con tus emociones, no será demasiado difícil. La inteligencia emocional es una herramienta que puede ayudarte a comprender tus emociones, y por qué tu ira suele enmascarar emociones más intensas como la decepción, la soledad o el abandono.

3. **Pregúntate a ti mismo por qué**

   Una vez que descubras lo que realmente alimenta tu ira, sé brutalmente honesto contigo mismo y admite por qué el miedo, la tristeza, la envidia o cualquier otra emoción secundaria te está haciendo sentir tan mal. Por ejemplo, puedes temer al futuro (si crees que pronto te despedirán), puedes temer a la soledad (si sospechas que tu pareja está contemplando dejarte), puedes temer a la muerte (si sabes que tienes un grave problema de salud), puedes sentirte triste (porque has decepcionado a alguien), puedes sentirte resentido (por las oportunidades perdidas), puedes sentir envidia (porque entre todos tus amigos, eres el único que sigue viviendo con sus padres).

4. Lidiar con la emoción secundaria

Hay asuntos que pueden ser resueltos, y otros que están más allá de tu control. Si tu ira proviene de algo que puede ser cambiado o mejorado, trabaja en ello para poder cerrar ese capítulo de tu vida y seguir adelante.

Si su ira es causada por una emoción secundaria, como el miedo, la culpa o la ansiedad, debes encontrar una manera de expresar este sentimiento de forma saludable.

Cuando entiendas el origen de tu ira, será mucho más fácil encontrar una manera de lidiar con ella. Aunque averiguar qué es lo que te hace enojar no hará que la ira desaparezca, al menos te ayudará a mantenerla bajo control.

La ira es una emoción muy poderosa. El truco es usar tu energía como combustible para motivarte a mejorar tu vida y llegar a donde quieres estar.

Alimento para el pensamiento:

1. Piensa en un momento en el que estabas muy enojado. Intenta recordar cómo te sentiste, cómo te viste y

cómo te comportaste en ese momento. ¿Crees que tu reacción fue justificada? ¿Cómo reaccionarías en la misma situación hoy en día?

2. Enumera tres cosas que más te hacen enojar. ¿Por qué?

3. ¿Cómo reaccionas cuando presencias un arrebato de ira en público? ¿Finges no ver ni oír nada? ¿Intentas alejarte lo más rápido posible? ¿O intentas averiguar qué está pasando?

Día 2

Señales y síntomas de la ira

Cuando puedes sentirlo venir

Algunas personas se enojan muy fácilmente. Algunos pueden estar enojados durante días o meses, mientras que otros pueden dejar ir la tensión acumulada a través de un arrebato de ira, y luego simplemente olvidarse de ella y seguir adelante, aunque esto no significa que los que están a su alrededor puedan hacer lo mismo.

Ciertas personas pueden decidir no hacer nada con respecto a su ira, y en su lugar aferrarse a ella durante años, hasta que llegue el momento en que no puedan soportarla más y se produzca una escena de ira. Aunque muchos problemas relacionados con la ira no se pueden resolver, lo peor que se puede hacer es dejar que la ira se convierta en amargura, ya sea sobre la vida en general o sobre una persona o incidente en particular.

Después de un arrebato de ira, puede que te sientas aliviado porque sueltas la tensión acumulada, pero también puede hacer que te sientas avergonzado o tonto, por no mencionar el estrés que has creado para los que tuvieron que presenciar la escena.

En cualquier caso, hay señales de advertencia de que uno está a punto de "explotar". Todos aprendemos a reconocer estas señales desde una edad temprana, y continuamos perfeccionando la habilidad a medida que crecemos. Al igual que nos enseñan que un perro se está preparando para atacar si baja sus orejas, aprendemos cómo se ven o se comportan nuestros padres cuando se enojan, viendo cómo reaccionan cuando se dan cuenta de que hemos hecho algo que no debíamos. Más tarde en la vida, aprendemos a interpretar las señales sutiles - o no tan sutiles – como cuando nuestra pareja está a punto de dejarnos, o cuando estamos a punto de ser despedidos.

Ser capaz de captar las vibraciones de tu entorno y entender lo que está pasando incluso cuando no se dice nada, es una habilidad muy útil que a veces puede ser un verdadero salvavidas.

Las señales que indican que tú, o alguien más, está a punto de enojarse y que posiblemente sea peligroso, son muchas y varían de una persona a otra. Sin embargo, algunos de ellos son comunes y fáciles de notar.

16 rasgos de las personas propensas a la ira y/o la agresión:

1. Con frecuencia experimentan rabia al volante.
2. A menudo culpan a otros por su desgracia.
3. A menudo se sienten amenazados y creen que los demás van a por ellos.
4. Hacen escenas cuando se enojan.
5. Se enfadan incluso por cosas pequeñas e insignificantes.

6. Usan un lenguaje corporal dominante, realizan amenazas y gritos para controlar a los demás.
7. Pierden fácilmente los estribos.
8. Se frustran fácilmente.
9. Son incapaces de controlarse a sí mismos incluso cuando saben que luego lo lamentarán.
10. Tienen un historial de violencia doméstica.
11. Están en relaciones caóticas o problemáticas.
12. Se niegan a aceptar que tienen problemas de ira.
13. A menudo piensan o se jactan de los enfrentamientos violentos con los demás.
14. Han sido arrestados por violencia.
15. Beben en exceso y son agresivos cuando están borrachos.
16. Creen y se jactan de que pueden hacer fácilmente que otros hagan lo que quieren.

Si sabes que tu o alguien cercano a ti está experimentando problemas de ira, lo mejor que puedes hacer es explorar varias técnicas de manejo de la ira que podrían ayudarte no sólo a lidiar con un temperamento explosivo sino a entender qué es lo que hace que alguien reaccione de esa manera.

¿Cómo te hace sentir, mirar y actuar el estar enojado?

Algunas personas se enojan rápidamente, ya sea porque tienen mal genio o porque se sienten con derecho a ciertas cosas. Otros pueden necesitar más tiempo para enojarse, pero su enojo puede ser más duradero. Sin embargo, el tipo de ira más problemático es el que conduce a la violencia física.

La ira es una emoción poderosa que nos afecta tanto a nivel físico como emocional. No sólo invoca una fuerte respuesta fisiológica, que a menudo conduce a un comportamiento agresivo y destructivo como los gritos, golpes o violencia, sino que también cambia nuestras emociones y fomenta ciertos comportamientos que más tarde ni siquiera recordamos.

El enojo ciego es particularmente común cuando la sufre de alguna de estas motivaciones:

- **Pérdida importante**. Por ejemplo, un auto que ha sido robado, un apartamento destruido, o una bolsa robada en un restaurante.
- **Pena** - Por ejemplo, tu mejor amigo muerto por un conductor borracho, tu compañero/a te engaña con alguien de confianza.
- **Humillación** - Por ejemplo, ser menospreciado delante de los demás, ser insultado por tu aspecto, ser desviado para un ascenso.

Si bien la ira puede llevar a la agresión, también hay un lado positivo en esta emoción: a menudo te hace tomar medidas que de otra manera no tomarías. Estos pasos a menudo conducen a un cambio, que no siempre tiene que ser externo: si te han pasado por alto para el ascenso, puedes decidir que es hora de buscar otro trabajo, o si tu apartamento es asaltado regularmente, puedes decidir que es hora de mejorar la seguridad o mudarte a un vecindario más seguro.

Si has estado enojado durante años, puede ser una señal de que algo dentro de ti necesita cambiar, como tus creencias, objetivos, necesidades o prioridades.

El que la ira tenga un efecto negativo en tu vida o en tu salud, o que te impulse a mirar en tu interior y a hacer cambios positivos en tu vida, dependerá de lo honesto que seas contigo mismo y de lo dispuesto que estés a aceptar el cambio.

La mayoría de las personas que tienen un problema de ira saben muy bien que tienen un problema, pero pocos deciden hacer algo al respecto. Si se deja sin tratar, la ira no sólo puede convertirte en un marginado social, sino que puede conducirte a la ruptura de tus relaciones, a la pérdida de amistades e incluso al encarcelamiento.

La ira es como una inyección de adrenalina que, si no se produce con frecuencia o se deja que se salga de control, puede aumentar la confianza y la sensación de autoestima. Una "dosis" de ira, especialmente si estás luchando por la causa correcta, puede hacerte sentir fuerte y consciente de ti mismo.

Al igual que los animales exhiben cierto comportamiento cuando se enfrentan a un enemigo – por ejemplo, los perros levantan el pelaje de su espalda, los gatos aplastan sus orejas, los caballos pisotean el suelo - la gente también cambia su apariencia cuando se siente amenazada.

Cuando se enojan, las personas también pueden mostrar algunos de los comportamientos utilizados por muchos animales. Basándose en la teoría de pelear, volar y congelarse, si deciden que no huirán ni se congelarán, pero deciden pelear, las personas a menudo se mantendrán erguidas con los brazos ligeramente extendidos, mostrando que están listos para pelear. Pueden gritar, golpear o estampar sus pies para demostrar lo enojados que están, pueden ponerse rojos lo que los hace ver feroces, o pueden mirar fijamente al oponente o señalarlo con el dedo. Estas señales de lenguaje corporal son parte del comportamiento atávico, que nos ha ayudado a sobrevivir y que se entiende en todas las culturas.

No sólo la gente enojada se ve amenazante, el torrente de adrenalina los hace sentir fuertes y listos para actuar. Y cuando te ves y sientes amenazante, es fácil ir un paso más allá y comportarte violentamente.

Reacción física cuando te sientes enojado:

- Aumento de la frecuencia cardíaca
- Aumento de la presión sanguínea
- Aumento de la tasa de respiración
- Cambios hormonales (aumento de la adrenalina)
- Los músculos se ponen tensos (listos para golpear o recibir un golpe)
- La cara se pone roja (debido al aumento de la presión sanguínea)

La ira puede tomar diferentes caminos y puede invocar diferentes emociones, desde el deseo de una confrontación física hasta la ruptura de la comunicación y el retiro de la situación o de la persona con la que se está enojado. Sin embargo, las manifestaciones físicas y emocionales de la ira rara vez ocurren al mismo tiempo, sino que suelen extenderse a lo largo de un cierto período.

La forma en que reaccionamos a la ira depende de nuestra personalidad, de lo emocionalmente inteligentes que somos, así como de lo que causó la ira. Aun así, ciertas reacciones parecen ser comunes entre las personas con este problema.

<u>9 cosas estúpidas y contraproducentes que la gente hace cuando se enoja:</u>

1. Usar malas palabras
2. Beber excesivamente
3. Tirar o romper cosas
4. Amenazar a otros
5. Se niega a escuchar
6. Llorar
7. Decir cosas que pueden ofender
8. Se comportan como si tuvieran derecho a lo que quieran
9. Se sienten orgullosos de demostrar su fuerza incluso sobre oponentes mucho más débiles.

Por lo tanto, si sabes que eres propenso a sentirte enojado, y especialmente si actúas con frecuencia de manera agresiva, lo mejor que puedes hacer es comenzar un tratamiento de manejo de la ira. Puedes buscar ayuda profesional, o puedes intentar ayudarte a ti mismo leyendo materiales de autoayuda adecuados o asistiendo a un curso de manejo de la ira.

La ira toma muchas formas y la gente la trata, o lucha con ella, de diferentes maneras y con diferentes niveles de éxito. Sin embargo, si sabes que te has sentido enojado durante mucho tiempo, no asumas que estás acostumbrado a ello y puedes seguir lidiando con ello por tu cuenta. Las emociones reprimidas pueden cambiar la forma en que piensas y te comportas, incluso sin que te des cuenta, por lo que es mejor abordarlas antes de que el resentimiento acumulado te meta en problemas.

Alimento para el pensamiento:

¿Cómo reaccionas normalmente cuando te enojas? ¿Te arrepientes después?

¿Crees que dejar de lado las emociones reprimidas gritando a los demás, está bien siempre que la persona se sienta menos tensa después?

Algunos afirman que el abuso mental o emocional es tan malo, o incluso peor que el abuso físico. ¿Estás de acuerdo con eso?

Día 3

¿Por qué me enojo?

Muchas cosas afectan a la frecuencia con la que te enojas, al tiempo que permaneces enojado y a la forma en que expresas tu ira. Aunque todos tenemos diferentes umbrales de ira, normalmente giran en torno a sentimientos de seguridad personal e imagen propia.

Causas de la ira

Nuestra ira se basa a menudo en nuestra interpretación de la situación en la que nos encontramos. Pero la forma en que reaccionamos en una situación también depende de nuestros desencadenantes de la ira, que varían de persona a persona y normalmente tienen algo que ver con nuestros límites personales o nuestra visión de la justicia.

Los cuatro desencadenantes más comunes de la ira:

1. Sentirse amenazado

2. Sentirse "acorralado", indefenso o desesperado

3. Sentir que no estás siendo tratado justamente

4. Enfrentar la injusticia (la tuya o la de otros)

Sin embargo, todos somos diferentes, no todos pueden sentirse amenazados, provocados o maltratados en la misma situación. La forma en que reaccionamos a los desafíos tiene mucho que ver con lo que somos. Nuestras experiencias, tanto las que estamos viviendo actualmente como las que vivimos en el pasado, afectan a la forma en que reaccionamos en una situación, o con personas que nos recuerdan algo o alguien que nos hizo sentir desagradables. Cuanto más problemática sea nuestra vida, más probable es que seamos emocionalmente inestables, y mayor será nuestra necesidad de conseguir habilidades para el manejo de la ira.

4 factores que influyen en la reacción en una situación difícil:

- **Tu historial**

  Si creciste en una familia en la que estaba bien mostrar tus emociones, es probable que sigas siendo abierto sobre tus sentimientos, tanto positivos como negativos, cuando seas adulto. Sin embargo, esto también significa que si de niño te malcriaron y lograste obtener lo que querías haciendo berrinches, probablemente seguirás exhibiendo un comportamiento similar a lo largo de tu vida.

  Si te criaron creyendo que es grosero quejarse, lo más probable es que hayas descubierto cómo tragarte el orgullo y herirte desde el principio. El problema con esta actitud es que a menos que luego aprendas a expresar tu ira, existe el peligro de que la vuelvas hacia adentro, hacia ti mismo.

  Y si presenciaste mucha violencia familiar, probablemente creciste creyendo que la ira es un sentimiento aterrador, y tratarás de evitar cualquier tipo de confrontación por miedo a provocar violencia.

- **Tus experiencias pasadas**

  Si hay experiencias pasadas, como el abuso o la intimidación en la infancia, con las que no has lidiado, probablemente sigas tratando de hacer frente a esos sentimientos de ira, aunque no seas consciente de ello. Así que, aunque parezcas feliz y seguro de ti mismo, en el fondo, es posible que sigas luchando contra tus demonios del pasado. Como resultado, es posible que encuentres ciertas situaciones o personas difíciles de tratar, y si no puedes evitarlas, estar cerca de ellas es probable que te haga sentir enojado, aunque nadie entienda por qué te sientes así.

- **Tus circunstancias actuales**

  Si estás pasando por un momento difícil, enfrentando un divorcio, un despido, un serio problema de salud o la pérdida de un ser querido, probablemente no seas tu mismo. Como resultado, probablemente te puedes enojar fácilmente, aunque no entiendas por qué.

  Si hay situaciones que te resultan personalmente desafiantes o amenazantes y no las abordas, el asunto no resuelto puede encontrar una salida en los arrebatos de ira, que pueden ocurrir cuando menos lo esperas.

  Además, si estás de duelo por alguien, puedes sentirte abrumado por emociones conflictivas como la tristeza, la ira, la sensación de vacío, la culpa, etc. Estos sentimientos contradictorios pueden hacer muy difícil afrontar los desafíos que de otra manera serían normales, y esto puede afectar la forma en que se relaciona con aquellos con los que entra en contacto. Por ejemplo, puede ser que te rindas ante los demás, que rompas en llanto sin razón alguna o que tengas breves episodios de ira inexplicable.

- **Posibles problemas de salud**

  A veces, ciertos problemas de salud pueden ser la causa de la ira. Según la doctrina mente-cuerpo, nuestras emociones y la salud física están muy ligadas y dependen una de la otra mucho más de lo que nos damos cuenta. La ira puede tener desencadenantes neurológicos y si no puedes dejar de sentirte enfadado, o llegas a una etapa en la que te despiertas con ira, debes buscar ayuda profesional lo antes posible.

  La ira también puede ser causada por el agotamiento crónico. Si te sientes constantemente cansado, tendrás mucha menos energía para hacer lo que se supone que debes hacer, o puede que te resulte más difícil concentrarte y perseverar en tus tareas. Por estas razones, lo más probable es que tengas menos éxito en la vida, lo que a su vez puede hacer que te sientas enfadado contigo mismo.

El juicio personal como causa principal de la ira

La forma en que vamos por la vida tiene mucho que ver con nuestra forma de pensar: nuestros valores, lo que vemos como correcto o incorrecto, lo que experimentamos como injusticia, lo cooperativos que somos, etc.

Basándonos en esto, tiene sentido que nuestro propio juicio sobre una situación decida si la experimentamos como una amenaza o una injusticia. Básicamente, es cómo vemos el mundo y lo que creemos que es la reacción correcta a ciertos desencadenantes y desafíos.

De ello se deduce que la ira, como respuesta emocional, se trata de cómo experimentamos la realidad.

Así que, si percibes que una situación justifica una respuesta de enojo, actuarás en consecuencia. Esto a menudo significa que puedes decidir tomar la justicia por tu propia mano, que es como muchas confrontaciones innecesarias suceden.

Si estás luchando con problemas de ira, intenta llegar a una etapa en la que, antes de actuar o reaccionar, puedas detenerte un momento y mirar la situación (una discusión, una provocación, una broma estúpida) desde un ángulo diferente. Intenta verlo desde los ojos de otra persona. Dale a la persona que te hace enojar el beneficio de la duda. ¿Y si tu juicio es erróneo? ¿Y si estás exagerando?

A menudo reaccionamos no en base a hechos, sino a lo que PENSAMOS que está sucediendo. Y lo que pensamos está generalmente influenciado por nuestras experiencias, cultura y temperamento. Por eso es tan importante la perspicacia, nuestra capacidad de tener una comprensión exacta de una situación o una persona. Y también lo es el buen juicio, especialmente cuando se trata de entender lo que está pasando y tomar la mejor decisión.

Sin embargo, muchos estudios muestran que la ira nubla el juicio, lo que significa que es importante calmarse antes de tomar cualquier decisión importante, especialmente si sabes que tiene mal genio. Un estudio reciente publicado en la revista académica de psicología *Intelligence* sugiere que las personas propensas a la ira son también las que más probablemente sobreestimen su inteligencia, en particular su capacidad para tomar buenas decisiones.

Los científicos de la Universidad de Varsovia encontraron un vínculo entre el temperamento eufórico y una percepción ligeramente sesgada de la inteligencia. Y esto no se debe a que estas personas no sean inteligentes, sino a que la ira desencadena la liberación de hormonas de estrés que cambian la forma en que funciona el cerebro. En otras palabras, necesitas aprender a controlar tu ira o abstenerte de tomar decisiones importantes hasta que te hayas calmado.

Alimento para el pensamiento:

¿Te enojas fácilmente? Si lo haces, ¿cuáles son tus principales desencadenantes? Si no lo haces, ¿cómo controlas tu temperamento en situaciones difíciles?

1. Si los recuerdos de cómo te trató tu ex te hacen "ponerte con los ojos rojos", ¿cómo puedes evitar que este daño pasado afecte a tus relaciones futuras? ¿Con qué frecuencia te enojas porque algo te recuerda el mal que alguien te ha hecho en el pasado?

2. ¿Te odias a ti mismo después de discutir con alguien, o te das palmaditas en la espalda porque "les has dado una lección"?

Día 4

La ira en los niños

Así como la ira es una emoción perfectamente normal en los adultos, es igualmente normal en los niños. Sin embargo, hay una gran diferencia entre un berrinche o una crisis ocasional y los prolongados o intensos arrebatos de ira que pueden llevar a escenas feas o incluso a dañarse a sí mismos o a otros.

¿Por qué se enojan los niños?

Cuando la ira en los niños ocurre ocasionalmente y pasa rápidamente, podemos asumir que es parte del crecimiento. Pero si se convierte en un estallido de emociones muy intensas que duran mucho tiempo, puede ser fácilmente una máscara para un trastorno de salud relacionado con la ira.

Tratar con niños enojados puede ser difícil, como la mayoría de los padres testificarán. No sólo es agotador tanto física como mentalmente, sino que a veces deja a los padres sintiéndose culpables o avergonzados si reaccionan de modo exagerado al mal comportamiento del niño.

La mayoría de la gente estará de acuerdo en que cuando eran niños, no se les permitía salirse con la suya en muchas de las cosas que los niños de hoy esperan como su derecho de nacimiento. Hoy en día, los niños se sienten generalmente más cómodos expresando sus emociones, y también tienen diferentes expectativas de sus padres. Esto no debería sorprendernos, al igual que nosotros, como adultos, hemos aumentado nuestras expectativas de nuestros gobiernos, empleadores o proveedores de servicios en comparación con la generación de nuestros padres, los niños de hoy esperan muchas cosas y privilegios a los que no teníamos derecho mientras crecíamos.

Lo peor que un padre puede hacer cuando se enfrenta a un niño enfadado es intentar evitar que se enfade. Cuando haces eso, como muchos padres hacen, estás forzando a tu hijo a suprimir sus emociones. Si la consecuencia de hacer una rabieta es el castigo, el niño aprenderá rápidamente que la ira es algo que no debe mostrarse abiertamente. Pero esto no significa que dejen de sentirse enojados, sólo dejarán de expresar sus emociones por miedo al castigo.

No es de sorprender que estos niños suelen crecer hasta convertirse en adultos que rara vez muestran sus sentimientos. Esto, a su vez, crea muchos otros problemas, porque las emociones reprimidas tarde o temprano tendrán que encontrar una salida. Esto explica por qué personas perfectamente normales, amables y tolerantes abusan física o mentalmente de sus familias, o incluso se involucran en delitos violentos.

Así que, regla número uno: nunca intentes suprimir o ignorar el hecho de que tu hijo está enojado, porque probablemente hay una muy buena razón por la que se siente así.

6 razones comunes por las que los niños se enojan:

1. **No pueden conseguir lo que quieren**

   Los niños son más inteligentes de lo que creemos, y aprenden rápidamente lo que funciona y lo que no. Así que, si un niño está acostumbrado a que se le permita comer dulces todo el tiempo, reaccionará negativamente cuando se le prohíba hacerlo. Los padres a menudo usan estas costumbres como una herramienta de disciplina, y si lo usan correctamente y el niño entiende que los favores no se conceden automáticamente sino que tienen que ganarse, todo irá bien. Sin embargo, si un niño asume que tiene derecho a algo que un día no está disponible, "luchará por sus derechos".

2. **Se burlan de ellos los compañeros o el adulto**

   A menudo, las bromas suaves están bien y los adultos a veces lo hacen para que los niños hagan algo, como decir "Sé que no puedes contar hasta 10" para que el niño cuente hasta 10 y demostrar que se equivocan. Sin embargo, las bromas que hacen que el niño se sienta avergonzado o estúpido pueden provocar fácilmente berrinches de ira.

3. **Reaccionan a las críticas**

   Los padres pueden ser extremadamente exigentes, aunque creen que lo hacen teniendo en cuenta el interés superior del niño. Empujar a un niño a hacer algo y luego criticarlo al fallar puede hacer que se enoje. Sin embargo, algunos niños son muy malcriados y no están acostumbrados a las críticas, ya que, al hacer un berrinche, establecen límites y muestran a sus padres lo que pueden y no pueden decir.

4. **Están decepcionados**

Los padres a menudo hacen promesas que no tienen intención de cumplir, sólo para que el niño haga algo o deje de llorar. Para un niño que ha estado esperando que lo lleven al zoológico o le den un nuevo juguete, esto puede ser un gran golpe. Por otro lado, los niños malcriados suelen intimidar a sus padres haciendo berrinches hasta que consiguen lo que quieren.

5. **Estar en desacuerdo**

Esto sucede a veces cuando los niños están jugando con otros niños. Los niños adquieren habilidades sociales básicas durante la interacción con sus compañeros, pero si un niño no está acostumbrado a perder o a compartir, el hecho de que se le ponga en una situación en la que esto sea necesario puede desencadenar un arrebato de ira.

6. **El rechazo**

Los niños, así como los adultos con baja autoestima, reaccionan intensamente al rechazo. Formar parte de un rebaño es muy importante para un niño, por lo que la reacción al ser, o simplemente al sentirse, rechazado por sus compañeros o padres puede dar lugar a golpes, mordiscos, llantos, berrinches o retraimiento.

La forma más fácil de hacer frente a la ira de tu hijo es no exponerlo a situaciones que lo hagan enojar. Sin embargo, esto no siempre es posible, ni sería una cosa sabia de hacer a largo plazo. La ira forma parte de la vida, y lo mejor que puedes hacer por tu hijo es enseñarle a controlarla.

Algunos niños se las arreglan mejor que otros. Si tu hijo es propenso a los arrebatos de ira, lo mejor es identificar lo que desencadena ese comportamiento y controlar su exposición a esos estímulos, como el exceso de televisión, ciertos juegos o la presencia de ciertos niños o adultos.

Si un niño tarda mucho tiempo en dejar de gritar y tiende a ponerse físico cuando se enoja, podría estar lidiando con una sobrecarga de ira. Esta no es una reacción típica a la ira, sino un estallido prolongado en el que el niño simplemente está inconsolable y no puede dejar de gritar, llorar o darse golpes.

Manejo de la ira para los niños

Para manejar la ira, primero tienes que entender qué hay detrás de los arrebatos emocionales. Comprender los desencadenantes puede ayudarte a encontrar una solución. En el caso de una ira excesiva o prolongada, podrías estar lidiando con un trastorno relacionado con la ira. Si bien los medicamentos pueden reducir algunos de los síntomas de la hiperactividad o la ansiedad, sólo la terapia puede proporcionar una mejora duradera y ayudar a mantener la ira bajo control.

4 causas comunes de los excesivos arrebatos de ira:

1. Hiperactividad

2. Ansiedad

3. Traumatismo o negligencia

4. Trastornos de salud, como problemas de aprendizaje o autismo

Con los niños pequeños, los berrinches "normales" son comunes, especialmente si se sienten frustrados o se niegan a hacer algo que se les pide. Esto es a menudo porque los niños muy pequeños no siempre pueden explicar lo que quieren o cómo se sienten, así que lo hacen de este modo. Una rabieta es también la mejor manera de llamar la atención sobre uno mismo, por lo que los niños a menudo utilizan esto como lenguaje de "señas" para mostrar que no están contentos con algo.

Pero a veces, los berrinches ocurren todo el tiempo. Si parece que nunca paran, o se hace evidente que un niño es incapaz de controlar su temperamento, esto suele ser una señal de que está tratando con un problema de conducta.

5 signos de que los arrebatos de ira pueden ser un síntoma de un problema de comportamiento:

1. No se detienen ni siquiera cuando el niño es mayor de siete años.

2. El comportamiento del niño se vuelve cada vez más violento

3. Comienzan a meterse en problemas en la escuela

4. No pueden llevarse bien con otros niños, así que a menudo se les excluye de las fiestas de cumpleaños o de los juegos.

5. Su comportamiento comienza a perturbar la vida familiar, como la relación entre los padres o con otros hermanos.

Como la ira es a menudo la única forma que tiene un niño de reaccionar a la frustración, los padres deben tomar los arrebatos de ira en serio. En lugar de decirle al niño que se detenga, deberían tratar de averiguar qué es lo que lo ha molestado tanto. A menudo es el sentimiento de impotencia, bastante común en los niños, lo que los lleva a expresar sus sentimientos a través de la ira.

Los padres pueden hacer mucho para ayudar a sus hijos a aprender a sobrellevar la ira. En primer lugar, deben animarlos a expresar sus emociones, sean cuales sean, en lugar de negarlas. En segundo lugar, deben encontrar la manera de canalizar esas emociones en algo positivo. Encontrar una salida efectiva para los sentimientos no expresados es una de las mejores maneras de evitar que se queden embotellados.

La razón por la que algunos niños parecen casi disfrutar de estar enojados es que a un arrebato le sigue un aumento de adrenalina, lo que incrementa su energía. De repente, aunque temporalmente, se sienten poderosos en lugar de impotentes.

Pero si los arrebatos de ira continúan, tal vez tu como padre necesites reajustar tus propios límites, adoptar un nuevo conjunto de reglas, pasar más tiempo hablando con tu hijo o interesarte más en su vida.

Sea cual sea el curso que tome la ira de tu hijo, asegúrate de que entienda la diferencia entre la ira y la agresión. Estar enfadado está bien, ser agresivo no lo es.

La ira es a menudo un grito de ayuda, especialmente en niños muy pequeños que pueden no ser capaces de explicar claramente lo que les molesta, pero incluso se les debe enseñar a expresar su ira de la manera menos dañina. Por otro lado, la agresión, especialmente hacia los demás, no debe ser tolerada, y esto debe quedar muy claro.

Habla con tu hijo tan a menudo como puedas e intente ser consciente de lo que está pasando en su vida, especialmente fuera de casa. Pídele que te digan qué es lo que les preocupa. Para llegar a una etapa en la que el niño se abra, debes desarrollar una relación cercana y de confianza.

No olvides que los niños copian el comportamiento de los adultos, y un niño excesivamente enojado puede estar respondiendo al caos en casa, como el alcohol, la violencia doméstica o el abuso.

7 consejos para tratar con un niño enojado:
1. Elogia a tu hijo a menudo.
2. Criticalo si es necesario.
3. Proporciona salidas físicas.

4. Interésate por las actividades de tu hijo, pregúntale qué pasó en la escuela, si le gusta su nuevo profesor, cómo son sus relaciones con sus compañeros.

5. Sé un modelo a seguir: si no quieres que tu hijo use un mal lenguaje o actúe de forma agresiva, tampoco deberías hacerlo.

6. Enseña a los niños que la ira es normal, pero que la agresión no es la respuesta

7. No te metas en ninguna conversación mientras el niño esté gritando. Espera hasta que se hayan calmado para averiguar lo que ha pasado.

8. No cedas al chantaje, pero mantente preparado para escuchar.

A pesar de muchos nuevos enfoques de la educación infantil, la disciplina es y siempre será la clave del buen comportamiento. Se trata de reglas y recompensas. Se trata de prevenir problemas de comportamiento, y enseñar a un niño qué comportamiento es y no es aceptable.

Como dijo Nicole Ari Parker, "Criar a los niños es amarlos mientras se intenta averiguar cómo disciplinarlos".

Alimento para el pensamiento:

1. ¿Crees que los niños deben acostumbrarse a recibir críticas, o que se les debe perdonar hasta que tengan al menos 10 años? ¿Demasiadas críticas los harían más fuertes o socavarían su ego?

2. Considerando que sus habilidades de comunicación son limitadas, ¿crees que los niños están justificados para hacer berrinches? ¿De qué otra forma podrían hacer que los adultos hicieran lo que quisieran?

3. Piensa en un pariente o un amigo que tiene un hijo luchando con el control de la ira. ¿Qué están haciendo sus padres al respecto? ¿Qué harías tú en su lugar?

Día 5

La ira en los adolescentes

Por una serie de razones fisiológicas, psicológicas y sociales, ser adolescente es el período más difícil de la vida. Cuando tu cuerpo se está desarrollando desde el de un niño al de un adulto y tus hormonas están causando estragos en tu mente, no es de extrañar que a menudo parezcas tenso y enojado.

Un adolescente no es más que un niño en el cuerpo de un adulto que se enfrenta a las necesidades físicas y emocionales de un adulto, pero que no se ha desarrollado completamente ni física ni emocionalmente ni es económicamente independiente para poder satisfacer esas necesidades. Como resultado, no es de sorprenderse que a menudo se enojen con aquellos que sienten que son responsables de sus necesidades insatisfechas: sus padres.

¿Por qué los adolescentes se enojan?

Todos hemos sido adolescentes antes, así que todos sabemos lo difícil que puede ser crecer. En el pasado, y en algunas culturas incluso hoy en día, los adolescentes son considerados más como niños que como adultos. Hoy en día, se espera que los adolescentes -quizás injustamente- se comporten y sean responsables de cosas que normalmente sólo los adultos deberían tratar.

Manejar a un niño que hace un berrinche puede ser difícil, pero no es nada comparado con manejar a un adolescente enojado y gritón que puede ser considerablemente más alto y fuerte que tú.

Los adolescentes pueden estar enojados con o sin razón, y depende de sus padres frenar o alimentar esa ira. En lugar de gritar y pelear, lo que puede ser muy tentador pero que sólo intensificaría la discusión, el padre debe tratar de calmarlos.

Si respondes a la ira de tu hijo adolescente gritando o amenazando, te pones al mismo nivel que tu hijo. De alguna manera, te vuelves igual, lo que significa que pierdes algo de "peso" en la mesa de negociaciones. Si esto sucede, puede ser aún más difícil seguir negociando. Así que, hagas lo que hagas, no pierdas el control.

Para lidiar con la ira de los adolescentes, tienes que entender lo que los hace enojar. Como padre, sabes que, aunque intenten actuar como adultos, el cerebro de los adolescentes aún está en desarrollo. La forma en que un adolescente percibe y experimenta el mundo es muy diferente de cómo lo ve un adulto, y esto no debe usarse en su contra.

El problema de los adolescentes enojados no es que a menudo se enojen sin una razón en particular, sino que pueden no estar expresando esa ira de manera efectiva, o porque no saben cómo hacerlo o porque no se les permite hacerlo. La ira sin tratar hace que las personas se sientan impotentes e indefensas y a veces puede llevar a la depresión o a la violencia - a menudo se vuelve contra aquellos que no tienen nada que ver con su sentimiento de impotencia, pero que resultan ser un blanco fácil, como las mascotas, los hermanos o los amigos.

La causa principal de la ira de un adolescente suele deberse a los cambios fisiológicos y emocionales que se producen en sus cuerpos, mientras intentan encontrarle sentido. Sus antecedentes sociales, así como el apoyo que reciben de sus familias, pueden facilitar o dificultar este proceso.

4 cosas que hacer cuando se enfrenta a un adolescente enojado:

1. No uses malas palabras o insultos, ya que esto sólo empeorará las cosas.

2. Nunca tomes decisiones importantes, promesas o amenazas, si ambos están en el mismo estado de enojo. Espera a que las cosas se calmen. De hecho, si tanto tu como tu hijo adolescente están muy enojados, es mejor no decir mucho. Cuando ambos se hayan calmado, pueden abordar el problema de una manera más constructiva.

3. Nunca te pongas en modo físico, porque esto puede fácilmente escalar a la violencia.

4. Intenta escuchar atentamente lo que dicen, sus comentarios o exigencias pueden estar justificados. Incluso si no haces nada al respecto, demuestra que los respetas lo suficiente como para escuchar lo que tienen que decir. Los adolescentes a menudo se sienten

ignorados o menospreciados, y esto puede ser un gran desencadenante de la ira.

Los adolescentes suelen ser malhumorados y tienen sentimientos fuertes, lo que significa que a menudo no pueden pensar con claridad ni escuchar razones. No hay que echarles en cara esto: todos los cambios fisiológicos y emocionales por los que están pasando les hacen sentirse confusos y enojados.

La ira de un adolescente suele dirigirse a aquellos que identifican como un obstáculo para sus deseos, que suelen ser sus padres. Otras veces, puede que no estén enfadados contigo, sino por algo que ocurrió en la escuela o por una discusión con un amigo.

Manejo de la ira de los adolescentes

Aunque la ira no es mala *en sí misma*, para ser usada positivamente, necesita ser manejada. Hay diferentes maneras de expresar la ira, y el truco es expresarla eficazmente sin herir a los demás, ya sea verbal o físicamente, o crear una atmósfera de incomodidad y miedo.

Los adolescentes pueden parecer enojados, pero no siempre están seguros de qué o con quién lo están. Como resultado, pueden ser propensos a los chasquidos o a los enojos.

Sin embargo, si un adolescente permanece en este modo de enojo durante meses, sin ninguna razón en particular, podría ser un signo de que su ira se ha vuelto hacia dentro. Aquellos que se enfadan durante largos períodos de tiempo pueden fácilmente hundirse en la depresión, o volverse violentos y comenzar a intimidar a los demás.

Los adolescentes enojados a menudo pueden volverse groseros, creando problemas y comportándose como si quisieran convertir cada situación en una discusión. Con tales individuos, discutir cualquier cosa con calma es imposible, y casi cualquier conversación se sale fácilmente de control.

Si tal comportamiento se hace frecuente, podría ser un síntoma de un trastorno basado en la ira. Lamentablemente, estos trastornos son particularmente comunes en los adolescentes que fueron sometidos a abuso físico o mental, o que a través de la televisión y los videojuegos suelen estar expuestos a imágenes de violencia, o aquellos que fueron castigados por estar enojados. Los adolescentes que recibieron poco o ningún apoyo durante su crecimiento tienen muchas más probabilidades de desarrollar algún tipo de trastorno más adelante en la vida basado en la ira, simplemente porque nunca aprendieron ni se les permitió expresar sus emociones adecuadamente.

Entonces, ¿cómo lidias con un adolescente enojado? Suponiendo que entiendas de dónde viene su ira, les ayudarás más si creas un entorno en el que se sientan seguros para expresar sus sentimientos, independientemente de cuales sean.

Otra cosa importante que hay que hacer es tratar de establecer una relación estrecha con el adolescente y animarle a que hable contigo, para que sea más consciente de las personas con las que se relaciona. Cuanto mayor sea el adolescente, es más probable que su comportamiento y sus valores se vean influenciados por sus pares, y la presión de los pares puede conducir a comportamientos inapropiados y destructivos.

10 maneras de ayudar a los adolescentes a manejar su ira:

1. Conviértete en un modelo a seguir sobre cómo manejar sus emociones.
2. Permíteles expresar su ira.
3. Nunca los castigues humillándolos.
4. Debes estar atento a quién, fuera de la casa, puede estar influyendo en su comportamiento.
5. Establece las reglas, pero no olvide las recompensas.
6. Debes estar abierto a las negociaciones, pero di no a las amenazas, chantajes y berrinches.
7. Fomenta la intimidad y la unión, para que sepas lo que está pasando en su vida.
8. Nunca estés demasiado ocupado para escucharlos.
9. Permíteles ser abiertos sobre sus sentimientos.
10. Cultiva la confianza y el respeto mutuos.

Alimento para el pensamiento:

1. ¿Cómo eras de adolescente? ¿Te enojabas a menudo? Si es así, ¿cómo lo afrontabas?

2. Cuando te enfrentas a una persona enojada, ¿qué es lo único que no debes hacer?

3. Cuando razonar con un adolescente enojado no funciona, ¿qué tan lejos crees que un maestro o un padre debe llegar para hacer cumplir la disciplina? ¿Qué crees que sucede si los padres tienen opiniones diferentes sobre cómo tratar a un adolescente enojado?

Día 6

La ira como parte del dolor

Al igual que puedes ser silenciosamente o extasiadamente feliz, puedes manejar tu pena con una tristeza silenciosa o con una muestra masiva de dolor e indignación. Independientemente de la forma en que elijas llorar por algo o alguien (como una forma de vida o un ser querido), la ira definitivamente jugará un papel en el proceso.

Por qué no debes ni ignorar, ni alimentar tu ira

Hay una leyenda que una noche un anciano Cherokee le contó a su nieto sobre una batalla que ocurre dentro de cada uno de nosotros. La batalla es entre dos lobos. Uno es el mal. Es la ira, los celos, la envidia, la pena, el arrepentimiento, la codicia, la arrogancia, la culpa, el resentimiento, la inferioridad, la autocompasión, las mentiras, el falso orgullo, la superioridad y el ego. El otro es el Bien. Es amor, alegría, paz, esperanza, serenidad, humildad, bondad, benevolencia, generosidad, empatía, verdad, compasión y fe. Su nieto pensó en esto por un momento, y luego le preguntó a su abuelo, "¿Qué lobo gana?" A esto, su abuelo simplemente respondió, "El que tú alimentas".

Las emociones están ahí para ser experimentadas, no para ser embotelladas. Sin embargo, si experimentas emociones negativas con demasiada frecuencia o te quedas con ellas por mucho tiempo, pueden convertirse eventualmente en tu realidad.

La ira, siendo una emoción muy poderosa, no debería ser ignorada, en realidad está tratando de decirte algo. Tampoco debe ser alimentada y nutrida, hasta que crezca más allá del control.

El duelo es algo muy personal; no hay una forma única de llorar. La forma en que lo haces depende de muchas cosas, incluyendo tu sistema de apoyo, tu relación con el difunto, tu religión o cultura, y tus propias habilidades para enfrentarlo. Lleva tiempo superar la pérdida de un ser querido, y aunque todos te animen a seguir adelante con tu vida, no debes apresurarte en el proceso: permite que se desarrolle de forma natural.

Si la tristeza aplastante te hace sentir que no podrás seguir adelante, o tu ira ardiente contra aquellos que podrían haber evitado la muerte, pero no te hace gritar por la justicia, la pena puede ser aterradora. Y es por eso que muchas personas que pasan por un proceso de duelo terminan solas, en el momento en que más necesitan apoyo.

Lo que sucede cuando ignoras la ira durante el duelo:

Las emociones ignoradas o no abordadas a menudo vienen a atormentarnos más tarde en la vida. Sin embargo, la cultura occidental no anima a la gente a experimentar emociones abrumadoras. En cambio, se alienta a las personas a bloquearlas o alterarlas con drogas, a desviar su atención de lo que les está sucediendo con la repetición hipnótica de mantras positivos, o simplemente a participar en diversas actividades para sentirse bien.

Se cree que una de las razones por las que la ansiedad y la depresión son cada vez más comunes es que muchos de nuestros sentimientos básicos no se expresan, sino que se controlan manteniéndolos barridos bajo la alfombra.

Si estás lidiando con emociones negativas, deberías tratar de entender de dónde vienen y tratar de liberarlas. Las emociones negativas no deben ser ignoradas, pero tampoco debes quedarte atrapado en ellas por el resto de tu vida.

<u>¿Qué pasa cuando alimentas tu ira mientras estás de duelo:</u>

Si, después de una pérdida personal, te quedas con la injusticia de todo y clamas por venganza, lo que estás haciendo es alimentar tu ira. De acuerdo con la Ley de Atracción, obtienes más de aquello en que te enfocas, así que, al enfocarte en la ira, atraes aún más ira y amargura a tu vida.

En lugar de alimentarla, deberías matarla de hambre y soltarla.

No importa cuán frustrado o decepcionado te sientas por tu pérdida, cuanto más rápido dejes de revolcarte en la culpa o la pena, más rápido podrás seguir con tu vida.

Como Ralph Waldo Emerson tan sabiamente señaló, "Una persona es lo que piensa todo el día".

Cómo la ira te ayuda a lidiar con el dolor

La ira es a menudo, pero no siempre, parte del dolor, y es mejor pensar en ella como un estado en el que la mayoría de nosotros nos encontramos temporalmente. La pena puede traer sentimientos de impotencia, arrepentimiento, culpa o autoculpabilidad, y todas estas emociones pueden hacerte enojar mucho. Cuando se sufre, a menudo se intenta encontrar a alguien a quien culpar, lo que significa que la gente que sufre a menudo arremete contra otros.

Sin embargo, la energía de la ira a veces se dirige hacia el interior. Algunas personas pueden empezar a culparse por lo que pasó, u odiarse por no haber podido hacer algo para evitar la muerte de su ser querido.

10 destinatarios comunes de la ira mal dirigida en caso de pena:

1. Tú mismo, por no haber hecho más para evitar esa muerte

2. La persona que murió, por haberte abandonado

3. Los familiares sobrevivientes, o los pasajeros, por no haber muerto en su lugar

4. Los médicos, por no haber hecho más para evitar esa muerte

5. El destino, por dejarte solo, cargado de deudas, impotente o indefenso

6. Dios, por permitir que una buena persona muera

7. La vida, por ser tan injusta

8. El resto del mundo, porque la vida sigue como si nada hubiera pasado

9. Otros, que no han perdido lo que tú has perdido

10. Todos los que son felices

En ese contexto, estar enfadado es una forma de canalizar tu energía de duelo mientras intentas encontrarle sentido a tu pérdida. La ira también suele ir seguida de una descarga de adrenalina, que aumenta tus niveles de energía, dándote la fuerza para seguir adelante.

Así que, aunque la ira puede ser dolorosa y aterradora, también representa un poder personal, lo que significa que puede incitarte a hacer algo para cambiar la situación en la que te encuentras. Y el cambio significa acción. Si la ira se expresa positivamente, puede ser canalizada en el activismo, un proceso que ayuda a liberar el dolor y la sensación de impotencia.

Si, por otro lado, tratas de reprimir tu ira -pretendiendo que "así es como debe ser", o "era la voluntad de Dios", o "no había nada que pudiéramos haber hecho", mientras estás hirviendo de rabia y aferrándote a ella- las emociones reprimidas pueden encontrar una salida en forma de depresión o ser mal dirigidas a otros, como la familia o los amigos.

La mejor manera de hacer frente a la ira durante un proceso de duelo es reconociendo el dolor, la pérdida, tus miedos, tu desesperación y cualquier otra cosa que puedas estar sintiendo.

5 formas de hacer frente a la ira durante el duelo:

1. Intenta comprender cómo te siente por esa pérdida. Permanece con la sensación, incluso si te duele.

2. Si te sientes muy enojado, intenta averiguar con quién estás enojado y por qué.

3. Piensa en formas de deshacerte de la ira de una manera no destructiva, como a través del ejercicio físico, el voluntariado, la escritura o el acercamiento.

4. Si no puedes hacer frente a la ira porque la persona que causó tu pérdida se salió con la suya, enfréntate a la persona a la que consideras responsable de lo ocurrido si es una opción que puedes tomar, pero no intentes agravar la situación.

5. Busca ayuda profesional si te resulta difícil seguir adelante.

Por último, para ser capaz de sentir pena y lidiar con la ira que a menudo la acompaña, tienes que entender las seis etapas de la pena por las que vas a pasar.

6 etapas de la pena:

- **Shock**

  Así es como tu mente trata de protegerte del dolor abrumador: "¿Qué? ¡No, no puede ser!"

- **Negación**

  Así es como tu mente trata de protegerte de la realidad: "No, no puede ser verdad".

- **Ira**

  Aquí es cuando empiezas a afligirte en serio, cuando la verdad finalmente te golpea: "¿Por qué? ¿Por qué a mí?"

- **Culpa**

  Tarde o temprano comenzarás a lamentar por qué no has hecho más para evitar la pérdida: "Si hubiera estado allí, tal vez todavía estaría vivo."

- **El dolor y la pena**

  Esta es la parte más dura y aterradora del proceso de duelo, porque para entonces, eres plenamente consciente de lo que ha sucedido y te ves obligado a enfrentarte a la realidad.

- **Liberación y resolución**

  Esta es la etapa de la pena donde empiezas a aceptar la realidad y te preparas para dejar la relación.

Sin embargo, haber pasado por las seis etapas no significa que hayas superado tu dolor. Seguirá volviendo y persiguiéndote de vez en cuando, y para evitar que esto suceda, es muy importante tratar con el dolor y cerrar este capítulo de tu vida.

Para sanar, es importante pasar por todas las etapas del duelo. Solo entonces, puedes aceptar la realidad, perdonarte a ti mismo y a los demás, y seguir adelante.

Alimento para el pensamiento:

1. Piensa en un recuerdo doloroso que no puedas sacar de tu cabeza. ¿Te das cuenta de que al pensar en ello continuamente, estás alimentando tu ira? ¿Qué haría falta para liberarla? ¿Por qué alguien disfrutaría revolcándose en la autocompasión?

2. Piensa en un momento en el que hayas perdido a alguien. ¿Cómo lidiaste con la pérdida? ¿Cuál fue la emoción o la tristeza que prevaleció?

3. Cuando un ser querido tiene una enfermedad que amenaza su vida, le da a todos tiempo para prepararse para su partida. Por otro lado, cuando alguien muere en un accidente de auto, es un gran golpe. ¿Qué escenario causa más ira?

Día 7

Cómo la ira afecta a las relaciones

La ira crónica tiene un efecto devastador en las relaciones, no sólo porque destruye el amor y la confianza, sino porque crea una atmósfera tóxica y a menudo insegura en el hogar. Al igual que las nubes que se acumulan pueden advertirnos de una tormenta que se aproxima, los problemas de ira crónica son a menudo un signo de un accidente que está esperando a suceder.

La ira como una mezcla de emociones

La ira es una emoción compleja y, a menos que se maneje, puede ser devastadora para tu salud, tus relaciones y tu carrera. Si tienes un problema de ira, es importante que trabajes en él cuando NO te sientas enojado, en lugar de esperar una reacción de enojo para tratar de encontrar la mejor manera de lidiar con ella.

Sin embargo, la ira no aparece de la nada, es una respuesta a otra emoción o a un detonante en particular.

Así como la felicidad es contagiosa, también lo es la ira. Cuando estás enojado, se derrama a tu entorno, incluso si no estás haciendo una escena. Los que te rodean pueden captar tu ira silenciosa y, dependiendo de su relación contigo, pueden sentirse intimidados o simplemente incómodos en tu compañía. Como resultado, pueden empezar a evitarte.

Aunque las personas de tu entorno, ya sea tu familia, colegas o amigos, pueden no tener nada que ver con la razón por la que estás enojado, a menudo se encuentran en el lado blanco de tu ira. Puede ser que los reprendas, seas sarcástico o que arremetas abiertamente contra ellos. Y esto es lo que arruina muchas relaciones.

Cuando empiezas a descargar tu ira en los demás, especialmente si no están en condiciones de responder o de alejarse físicamente de ti, tu ira se convierte en una especie de intimidación. Si sabes que esto está sucediendo, lo primero que tienes que hacer es reconocer que tienes un problema de ira que se está saliendo de control.

La mejor manera de tratar un problema de ira crónica en una relación es abordar la causa real; sin embargo, la forma de abordarlo dependerá de quién tenga el problema.

Si tienes un problema de ira:

- Busca una solución a este problema con la cabeza fría. En otras palabras, primero cálmate para que puedas pensar con claridad. La ira libera ciertas hormonas en nuestro cerebro que pueden afectar el proceso de la toma de decisiones.

- Reconoce que tu ira incontrolada está creando problemas en la relación.

- Cava profundo y trata de entender por qué te sientes tan enojado. Puede que no tenga nada que ver con tu pareja, así que ¿por qué te desquitas con ella?

- Discute del manejo de tu ira con tu pareja. Pregúntale cómo se siente durante tus arrebatos. Intenta verte a ti mismo a través de los ojos de tu pareja y entender cómo esto ha estado afectando a tu relación.

- Juntos, hagan un plan de cómo pueden empezar a manejar su ira. Si no hay nada más, prométete a ti mismo que te abstendrás de comunicarte con tu pareja o de tomar decisiones importantes cuando te sientas abrumado por la frustración, el miedo o la ira. Lo más probable es que digas o hagas cosas de las que te arrepientas más tarde.

Si tu pareja tiene un problema de ira:

- Ayuda a que se calme cuando esté en ese estado.

- Escucha lo que tiene que decir, aunque no estés de acuerdo con ello. Deja que hable. Incluso cuando la gente tiene todas las razones para sentirse enojada, a menudo desahogan su ira mientras hablan de ello, así que evita la confrontación.

- La comunicación es clave para las relaciones sanas: cuanto más se hablen entre sí, menos probable será que tengan problemas de comunicación.

Si AMBAS PARTES tienen un problema de ira:

- Tratar con un compañero enojado ya es bastante malo, pero si ambos sufren de problemas crónicos de ira, la relación generalmente no funcionaría. Especialmente si ninguno de los dos está acostumbrado a pedir disculpas, a mantener la calma durante una discusión, a escuchar o a aceptar el punto de vista del otro.

Los psicólogos creen que el principal problema de la ira es lo que hacemos con ella, ¿la manejamos, la ignoramos, la dirigimos hacia los demás o hacia nosotros mismos?

Desafortunadamente, la ira incontrolada a menudo lleva a pelear, culpar, insultar o sacar a relucir el pasado. Cuantas más cosas de este tipo le haga a su pareja cuando esté enojado, más difícil le resultará volver a la normalidad una vez que se haya calmado, ya que algunas palabras o acciones no se pueden retirar.

Sabemos que la ira a menudo va de la mano de otras emociones, como sentirse avergonzado, herido o asustado. Según los psicólogos, la ira es como un iceberg que sólo se muestra en el 10%, mientras que el 90% restante, que no se ve, es lo que realmente te hace enojar. Por lo tanto, mientras que para los demás puedes parecer enojado, lo que realmente sientes es miedo, vergüenza, dolor y más. Averigua de qué está hecho tu iceberg sumergido.

Durante una discusión, una persona enojada a menudo criticará a su pareja, lo cual es contraproducente.

Aquí hay 5 señales de que estás lidiando con la ira en tu relación de la manera equivocada:

- Si estás criticando el carácter, en lugar de la conducta de tu pareja.

- Si la crítica se supone que los hace sentir culpables.

- Si no lo haces para mejorar tu relación, sino para tratar de dejar de lado tu tensión embotellada - criticarlos sólo para sentirse mejor, independientemente de cómo la crítica está haciendo sentir a tu pareja.

- Si te niegas a escuchar lo que tu compañero tiene que decir en su defensa, pero esperas que hagan lo que tú dices.

- Si tu crítica es insultante o menospreciable.

La ira fuera de lugar

Si bien la ira es importante, porque a menudo nos dice en términos inequívocos que algo tiene que cambiar, también puede ser una emoción destructiva.

Vivimos en un mundo estresante y a menudo muy injusto, y no todo el mundo soporta bien la presión. Cuando lidiar con todo lo que tienen en su plato resulta demasiado, algunas personas simplemente pierden el control.

Lamentablemente, quienes se encuentran en el extremo receptor de tus arrebatos de ira no suelen ser los que los causaron, sino aquellos a los que tienen acceso. En la mayoría de los casos, se trata de un miembro de la familia.

Si bien una forma de controlar la ira es asegurarse de encontrar una salida positiva para tus emociones, la ira fuera de lugar destruirá fácilmente una relación, especialmente si ocurre repetidamente.

5 causas de la ira fuera de lugar

1. **Cólera reprimida**

   Como muchas esposas testificarán, las mujeres a menudo se encuentran en el extremo receptor de las emociones de sus frustrados maridos. Aunque hablar con su cónyuge es una gran manera de aliviar la tensión y la frustración, debe hacerse de una manera que no sea dañina. En otras palabras, no debe estresarse por estresar a otra persona.

2. **Desesperación**

   Independientemente por lo que te sientas desesperado, dependiendo de su naturaleza, puedes hundirte en la depresión, hacer escenas o arremeter con indignación.

3. **No tener tiempo libre**

   Cuanto más estrés en tu vida tengas que afrontar, ya sea en el trabajo o en casa, más necesitas cuidar tu salud mental. Si no puedes permitirte vacaciones, al menos tómate los fines de semana libres de vez en cuando. La mejor manera de relajarse es involucrarse en algo que te haga feliz, para eso están los hobbies.

4. **Mentalidad negativa**

   A algunas personas les resulta muy difícil ver algo positivo en cualquier situación. En cambio, otros se centran en problemas (tanto reales como imaginarios), deseos, carencias o desastres potenciales (suyos o mundiales). Esta actitud no sólo te hará sentir miserable todo el tiempo, sino que probablemente también te hará enojar mucho.

5. **Resentimiento**

Todos nos sentimos resentidos de vez en cuando, pero si esta emoción dura mucho tiempo, puede llegar a formar parte de tu personaje. Esto normalmente tiene que ver con alguna injusticia cometida contra ti, pero en lugar de abordarla, algunas personas eligen revolcarse en el dolor y la amargura por el resto de sus vidas.

Lo peor es que muchas personas son plenamente conscientes de que su ira está fuera de lugar, pero no pueden o no quieren hacer nada al respecto. El tiempo que tu pareja pueda soportarlo depende de muchas cosas, pero incluso si no eres agresivo cuando estás enojado, la ira fuera de lugar es muy tóxica para una relación.

5 razones por las que la ira fuera de lugar destruye una relación:

- Crea una atmósfera negativa en casa.

- Los arrebatos de ira son desagradables, irrespetuosos e inquietantes.

- Es muy despreciable ser tratado como un estorbo.

- Es difícil vivir con individuos crónicamente enojados porque nunca se sabe cuándo va a ocurrir el próximo arrebato.

- Es posible que no sea seguro vivir con esas personas, especialmente si tienen un historial de agresión.

Alimento para el pensamiento:

1. ¿Qué haces cuando sientes que tu pareja o amigo está enojado por algo? ¿Intentas distraerlos de lo que les molesta o haces que hablen de ello?

2. Algunas personas van a tomar una copa después del trabajo para poder relajarse y difundir el enojo acumulado y la tensión para no pasársela a su familia. Otros esperan que sus parejas les ayuden a relajarse, aunque normalmente significa que tendrán que escuchar las conocidas quejas, objeciones o dramas. ¿Qué enfoque crees que es mejor?

3. Si a menudo tienes que reprimir tu ira, ¿cómo te aseguras de que no se reprima?

Día 8

La ira en el lugar de trabajo

Aunque hay muchas razones para enojarse, en una situación privada -con la familia o los amigos- se pueden decir cosas o incluso comportarse de manera inapropiada y aun así ser perdonado. En el lugar de trabajo, sin embargo, la situación es muy diferente. Mientras que tu y tu hermano o cónyuge pueden pelear regularmente y seguir queriéndose, si gritas a tus colegas, los insultas o los avergüenzas, es probable que te despidan. La mayoría de las personas saben esto y tratan de controlar su temperamento en el trabajo tanto como pueden, pero, esto puede llevar a la causa más común de la ira en el lugar de trabajo: la frustración.

¿Por qué es tan común la ira en el lugar de trabajo?

La frustración es la principal causa de la ira en el lugar de trabajo. Sin embargo, lo que hay detrás de esta frustración es a menudo que estas personas saben que, por una razón u otra, tienen que permanecer en el trabajo (u organización) que no disfrutan. Esto crea resentimiento, que es una forma de ira duradera sin resolver.

6 razones por las que la gente se siente frustrada en el lugar de trabajo:

1. Ser pasado por alto para una promoción.

2. Tener que hacer lo que te dicen, aunque sepas que no funcionará.

3. Tener que reportarse a una persona mucho más joven o menos inteligente.

4. Tener que reportarse a las mujeres (en algunas culturas, esto sería un gran golpe para muchos hombres).

5. Tener que trabajar después de las horas de trabajo o los fines de semana sin remuneración (esto es común en las organizaciones que planifican los despidos, en las que muchas personas tratan de hacerse irremplazables demostrando que están dispuestas a trabajar horas extras sin remuneración).

6. Tener que asumir la culpa de las decisiones equivocadas de tu jefe.

La mayoría de los empleadores prefieren no emplear a empleados frustrados, ya que rara vez están lo suficientemente motivados para lograr buenos resultados, y pueden ser una amenaza potencial para la organización si empiezan a ejercer presión contra la dirección.

Sin embargo, para ti, la frustración de larga data puede ser una gran amenaza para tu salud. Si no se aborda, la amargura que hierve a fuego lento puede conducir al agotamiento, a enfermedades cardíacas, a la presión arterial alta, a un ataque de apoplejía, a la depresión o a otras afecciones.

Y cuanto más sientas que estás atrapado en tu posición, más frustrado te sentirás. Si, debido a tu edad o a la falta de habilidades, sabes que es poco probable que encuentres un trabajo mejor y sabes que tienes que quedarte en el que estás actualmente, o si no hay muchos trabajos disponibles en el lugar donde vives, o si la paga es buena, puedes sentirte atrapado en un trabajo que odias o con gente que no te tiene respeto.

Las causas de la frustración en el lugar de trabajo son demasiado numerosas para enumerarlas, pero suelen girar en torno a algún tipo de decepción, como una mala evaluación del rendimiento, un trato injusto, ser micro gestionado o ser criticado con demasiada frecuencia.

Sin embargo, la decepción también puede deberse a expectativas poco realistas. Tal vez asumiste que serías promovido en dos años, o que te darían un coche para ir al trabajo.

La razón por la que pareces enojado en el trabajo puede no tener nada que ver con el lugar de trabajo. Si tienes una vida personal problemática o caótica, es probable que también afecte a tu vida profesional, ya que la frustración que uno trae de casa suele estar dirigida a sus colegas. Este es un ejemplo típico de la ira fuera de lugar de esposas y esposos intimidados.

Cualquiera que sea la causa de tu ira en el lugar de trabajo, tienes que tratar de manejarla lo mejor posible. La irritación leve es con lo que todos aprendemos a lidiar, sin embargo, si algo que sucedió te hizo ver rojo, puedes iniciar a sentir que estás a punto de hacer una escena.

<u>8 cosas que hacer si te enfadas mucho en el trabajo:</u>

1. Respirar profundamente o hacer varias respiraciones profundas

2. Cuenta lentamente hasta diez

3. Dígase a sí mismo que mantenga la calma.

4. Intenta evitar la tensión en tus músculos, mandíbula, cabeza o estómago. Sigue respirando e intenta aflojar los músculos.

5. Aléjate de tu escritorio

6. Sal de tu oficina o del edificio

7. Da un pequeño paseo, llama a un amigo o habla con un colega en el que puedas confiar.

8. Cuando te hayas calmado, piensa en cómo abordar el problema que te hizo enojar tanto.

Cómo lidiar con la ira relacionada con el trabajo si eres un gerente

Una organización donde la ira parece estar presente todo el tiempo no es un buen lugar para trabajar. Podría ser un problema importante de RRHH saber que hace infeliz al personal, o si son sólo una o dos personas que, por sus propias razones, disfrutan agitando las cosas.

Intenta averiguar quién o qué está detrás de esta ira subyacente. Considera primero las normas de seguridad de la oficina, para asegurarte de que la seguridad personal no es lo que hace que a los empleados les falte concentración o impulso.

Algunos problemas pueden ser capaces de resolverse por sí mismos, pero en caso de problemas importantes, es mejor buscar ayuda profesional, para que las cosas no se salgan de control. Contratar a un consultor externo para hablar con el personal a menudo ayuda, ya que pueden sentirse menos intimidados al acercarse a alguien fuera de la empresa.

Puede haber situaciones en las que haya que tomar decisiones impopulares, como despidos, recortes de sueldo, retirada de beneficios, etc.; sin embargo, un ambiente negativo en una empresa suele ser el resultado de una cultura imperante. Aunque hay que tratar con individuos problemáticos, ten en cuenta que la insatisfacción general se convierte fácilmente en ira.

Si la ira prevalece y no se puede averiguar cuál puede ser la causa, tal vez sea necesario mirar este problema desde diferentes ángulos. Si resulta que ciertos individuos están causando problemas y aumentando la tensión (o las expectativas), podría ser que el estrés de sus vidas privadas se esté extendiendo a su entorno de trabajo. Aunque normalmente no hay mucho que puedas hacer con respecto a sus problemas personales, al menos puedes hablar con ellos para ver si hay algo que puedas hacer para facilitar las cosas en el trabajo.

La ira en el lugar de trabajo puede ser muy difícil de manejar, y muchos gerentes se hacen de la vista gorda o posponen cualquier acción por el tiempo que puedan. Como gerente, sin embargo, debes estar mental y emocionalmente preparado para actuar, teniendo cuidado de no reaccionar de forma exagerada o insuficiente.

10 cosas que un gerente puede hacer para ayudar a los empleados a lidiar con la ira en el lugar de trabajo:

1. Crear una cultura profesional en el lugar de trabajo de tolerancia y respeto mutuo.

2. Establecer reglas y expectativas y asegurarse de que todos los nuevos empleados sean conscientes de ellas.

3. Fomentar la comunicación y, de ser posible, organizar periódicamente la capacitación del personal en materia de comunicación.

4. Sé accesible.

5. Proporcionar entrenamiento para el manejo de la ira, que mostraría a las personas cómo manejar su ira y cómo responder a los colegas enojados.

6. Lidia con el comportamiento inapropiado tan pronto como sea posible. Cuanto más tiempo pospongas una confrontación desagradable, más probable es que se salga de control.

7. Los empleados con problemas de ira pueden crear una atmósfera insalubre en la empresa para la que

trabajan, así que recomienda un tratamiento de control de la ira o despídalos.

8. Mantén registros escritos de tales incidentes.

9. Tener una política de tolerancia cero en caso de comportamiento agresivo.

10. En caso de problemas importantes, siempre consulta a un abogado o a un profesional de RRHH.

Alimento para el pensamiento:

1. ¿Qué es lo que encuentras más frustrante en tu lugar de trabajo? ¿Es algo que está fuera de tu control, o puedes hacer algo al respecto?

2. ¿Estuviste alguna vez en una situación en el trabajo en la que participaste en una discusión de la que ahora te sientes avergonzado? ¿Qué pasó para que reaccionaras así? ¿Cómo te enfrentarías a la misma situación hoy?

3. Si fueras gerente y tuvieras que despedir a tu mejor empleado por acoso sexual para proteger a un trabajador temporal que empezó a trabajar hace sólo dos meses, ¿qué harías?

Día 9

Trastornos relacionados con la ira

Es posible que tengas un problema de ira debido a un trastorno de salud con el que estás luchando, o puedes desarrollar un trastorno de salud debido a un problema de ira no abordado desde hace mucho tiempo. En el mundo moderno, los problemas de salud relacionados con la ira se están volviendo muy comunes. Parece que a medida que el mundo se acelera, la gente se enoja más. La ira a menudo puede conducir a otras emociones negativas, como resentimiento, odio, autocompasión, miedo o agresión, y con el tiempo, estos sentimientos autodestructivos pueden convertirse en enfermedad o dolencia.

Cómo la ira afecta a tu salud

Las personas con problemas crónicos de ira suelen ser las que permanecen atascadas en una injusticia (real o imaginaria) que les ha ocurrido. Puede haber una muy buena razón para que alguien esté enojado, pero para que esta emoción sea constructiva en lugar de destructiva, tiene que ser manejada.

Desafortunadamente, muchas personas aceptan la injusticia como parte de su destino o karma, y viven toda su vida sintiéndose enojados y amargados. Otros, porque no pueden aceptar la situación, pero no saben cómo lidiar con ella, se vuelven irritables y agresivos. También hay quienes simplemente tienen mal genio, y su ira puede ser desencadenada por casi cualquier cosa.

Aunque muchas situaciones están fuera de su control, lo que sí tiene control es la forma en que reacciona. A menos que ejerzas este control, los episodios de ira incontrolables pueden minar tu energía y tu salud muy rápidamente.

Sabemos que estar enojado no es saludable, pero sólo hace relativamente poco tiempo la Organización Mundial de la Salud reconoció 32 trastornos como directamente relacionados con la ira disfuncional, de los cuales los más conocidos son:

- **Trastorno explosivo intermitente**

  Los individuos con este trastorno muestran "el grado de agresividad que está groseramente fuera de proporción con cualquier provocación o estresante psicosocial precipitante". Se cree que este trastorno está detrás de la mayoría de los tiroteos masivos. Lo extraño es que la mayoría de estos individuos no tienen un historial previo de comportamiento agresivo. Típicamente, son personas normales, educadas y amigables. Entonces, de repente, un rechazo o un evento estresante los empuja a un punto de quiebre, y se desbocan. Su acción se supone que "restaura el honor o devuelve la lesión".

- **Trastorno de oposición desafiante**

  Este trastorno se manifiesta como desafío y enojo contra la autoridad, y es más común en niños y adolescentes. Sin embargo, no se trata de un caso de frustración o desobediencia ocasional. Estos individuos tienen frecuentes berrinches, se niegan a cumplir, discuten excesivamente, culpan a otros de sus errores, se comportan de manera rebelde y a menudo son vengativos.

Lo que hace que el diagnóstico de los trastornos relacionados con la ira sea particularmente difícil es que a menudo aparecen junto con otro problema emocional. Esto significa que si acudes a un terapeuta para buscar tratamiento para la ira, la verdadera razón de tu disfunción emocional puede ser otro trastorno del que probablemente ni siquiera seas consciente, y es esto lo que dificulta el diagnóstico y el tratamiento.

La ira afecta a varios procesos de tu cuerpo: digestión, asimilación, producción de células, circulación, curación, sistema inmunológico y más. Como resultado, si la ira persiste durante meses o años, es muy probable que debilite tu sistema inmunológico y que lleve directa o indirectamente a una serie de problemas:

- Dolores de cabeza
- Problemas de digestión
- Insomnio
- Ansiedad
- Depresión
- Presión arterial alta

- Ataques al corazón
- Golpes
- Problemas de la piel

Los trastornos de la ira más comunes

La ira se desordena si el individuo exhibe conductas patológicas agresivas, violentas o autodestructivas que son impulsadas por la ira reprimida crónicamente. Afortunadamente, la mayoría de nosotros descubrimos cómo manejar nuestra ira, por lo que los trastornos de la ira probablemente sólo les ocurran a aquellos cuya ira no sólo no fue manejada, sino que fue reprimida durante mucho tiempo.

Otra causa del trastorno de la ira es la disfunción neurológica y el abuso de sustancias, que afectan a la forma en que controlamos nuestros impulsos violentos.

6 formas más comunes que puede tomar la ira:

1. **Ira crónica**

   Esta es una ira que ha durado mucho tiempo. Suele tener un efecto importante en nuestro sistema inmunológico y puede ser la causa de otros trastornos mentales.

2. **La ira pasiva**

   Este tipo de ira es difícil de identificar, porque no tiene los síntomas típicos de la ira.

3. Cólera abrumadora

Este tipo de ira ocurre si hay demasiadas cosas en tu vida, y no puedes hacer nada al respecto ni puedes hacer frente a ellas. En otras palabras, esto sucede cuando te sientes abrumado por la vida.

4. Ira autoinfligida

Este tipo de ira suele ser el resultado de sentimientos de culpa, vergüenza o autoculpabilidad. Se dirige hacia el interior y puede ser muy autodestructiva.

5. La ira del juicio

Este tipo de ira es común en las personas que están resentidas por una situación o la vida en general.

6. Cólera volátil

Con este tipo de ira, los individuos encuentran difícil controlarse y a menudo muestran un comportamiento agresivo.

Las técnicas de control de la ira pueden ayudarte a mantener bajo control muchos de los trastornos de salud relacionados con la ira, y el estudio de materiales de control de la ira como éste puede ayudarte a comprender a qué te enfrentas.

8 maneras en que el manejo de la ira te ayuda a lidiar con tu ira:

1. Te enseña sobre la ira y cómo usarla positivamente
2. Te ayuda a entender tu ira y a identificar los desencadenantes de la misma.

3. Sugiere formas de reaccionar en esas situaciones

4. Te muestra cómo relajarte y desactivar la ira

5. Ayuda a identificar los pensamientos y creencias asociados con la ira

6. Te muestra por qué es contraproducente insistir en los problemas o heridas del pasado.

7. Te ayuda a resolver conflictos

8. Te ayuda a identificar alternativas a la venganza

Alimento para el pensamiento:

1. ¿Conoces a alguien con un trastorno de salud? ¿Cómo te sientes en su compañía? ¿Cómo crees que se sienten en la tuya?

2. Discute tres situaciones en las que tener habilidades de manejo de la ira te ayudaría a resolver el conflicto más profesionalmente.

Día 10
La ira a través de las culturas

La forma en que reaccionas a la ira depende de muchas cosas, incluyendo tu edad, sexo y circunstancias. Sin embargo, la definición de la ira, y especialmente de lo que justifica el comportamiento enojado, se basa en gran medida en la cultura de la que uno proviene. En algunas culturas, expresar sus emociones -en particular la ira- puede considerarse muy maleducado, otras culturas alientan a las personas a demostrar abiertamente cómo se sienten con respecto a algo. Así, mientras que muchos pueden considerar a los orientales como pétreos y sin emociones, para los asiáticos, los occidentales probablemente parecen muy groseros.

Normas culturales y emociones

La ira tiene muchas definiciones, causas y posibles salidas. A menudo se asocia con sentimientos heridos, frustración y un deseo de justicia o venganza. Sin embargo, como las culturas tienen diferentes actitudes hacia la ira, las normas locales alentarán o frenarán las manifestaciones de ira en público.

Estudios comparativos sobre la forma de criar a los niños muestran que en China (así como en todo el Lejano Oriente) la demostración de emociones se frena en los niños desde una edad temprana. Los berrinches son generalmente ignorados, y los niños son dejados para que lloren hasta que se hayan calmado. Considerando sus valores culturales, esto es necesario para que un niño desarrolle un comportamiento socialmente aceptable.

En muchas culturas orientales, como la china, la japonesa y la tailandesa, el tema del peligro es algo que no suele discutirse, especialmente en público. Los niños son desalentados a mencionarlo, por ejemplo, se quejan de algo, o son castigados si lo hacen.

En la cultura occidental, sin embargo, los padres suelen preocuparse por sus hijos, especialmente durante sus ataques de ira.

Las normas culturales también influyen en la cantidad de ira que se considera normal para un hombre y en la cantidad que se considera normal para una mujer. En la mayoría de las sociedades patriarcales, las niñas son criadas para no mostrar abiertamente sus emociones, especialmente las negativas como la ira. Aunque las cosas han cambiado mucho en los últimos 200 años, en Occidente, la exhibición pública de la ira es desalentada en las niñas incluso hoy en día.

Por otro lado, se esperaba que los chicos, de alguna manera, mostraran un cierto grado de asertividad (a menudo manifestado como un comportamiento enojado o agresivo). Si no lo hacían, se creía que no tenían la confianza necesaria para tener éxito en la vida.

Sin embargo, en la mayoría de las culturas, la ira de los chicos se tolera mucho más que la de las chicas, incluso cuando conduce a un comportamiento agresivo - se cree que el odio es lo que los distingue de las características femeninas de ser amables, calladas y que perdonan.

Exhibición de emociones en público

A pesar de que en Occidente se desalienta y se sanciona la ira, especialmente si conduce a la agresión, todavía hay un nivel desproporcionadamente alto de ira entre los niños. Muchos creen que es la televisión y los juegos de Internet los que están detrás de la mayoría de las conductas malsanas.

Pero incluso los niños muy pequeños parecen mostrar signos de ira y agresividad hacia los demás, como podemos ver con el acoso escolar. Por esta razón, en Occidente, se anima a todo el mundo a hablar de sus problemas de ira para que puedan ser abordados y canalizados a tiempo, especialmente los niños.

Hasta hace relativamente poco tiempo, el estatus social jugaba un papel importante en cuánto se permitía a alguien expresar su ira. En Occidente, se creía en general que las clases bajas mostraban más ira, probablemente porque, debido a su condición socioeconómica, tenían más motivos para estar enojados.

En Japón, sin embargo, eran los de un estatus social más alto los que mostraban más ira, como símbolo de su autoridad. Así pues, aunque la muestra de ira se consideraba en general muy grosera y se sancionaba, sólo se concedía a aquellos que se sentían con derecho a casi todo debido a su estatus social.

Mientras que la mayoría de los ciudadanos estadounidenses no se abstienen de expresar su ira en público, incluso de hacer una escena importante si están enojados, la gente del Lejano Oriente tiende a evitar el conflicto a toda costa. Independientemente de cómo se sientan realmente, enojados, avergonzados o tristes, sonreirán. Sin embargo, esta "cara feliz" es el resultado de un condicionamiento social de toda la vida y no significa que realmente se sientan felices o relajados.

Las normas culturales dictan lo que está y lo que no está permitido, y sirven como guía para un comportamiento socialmente aceptable. Las culturas occidentales y orientales abordan los problemas de la ira de maneras completamente diferentes. En la cultura occidental, se alienta a las personas a mostrar abiertamente emociones positivas y a manejar el despliegue de las negativas, pero aun así se les permite expresarlas. En las culturas orientales, la gente opta por el "camino del medio" (es decir, el Tao), buscando constantemente un equilibrio entre las emociones positivas y negativas.

Comienzan a inculcar estos valores a sus hijos desde el preescolar, lo que significa que los niños americanos y asiáticos tienen reacciones diferentes a los estímulos visuales. Mientras que en Europa y América los niños prefieren actividades emocionantes, dibujos animados o historietas, en el Lejano Oriente prefieren las emociones tranquilas: sonrisas en lugar de risas, juegos no demasiado competitivos o historias poco emocionantes.

Además, mientras que los padres estadounidenses aprovechan todas las oportunidades disponibles para aumentar la confianza de sus hijos, los padres chinos son más propensos a restar importancia a los buenos resultados de sus hijos para no inflar su ego.

Por último, los bestsellers de América contienen un contenido mucho más excitante y excitante en comparación con los bestsellers de Asia. Así que, aunque muchos creen que ahora vivimos en una aldea global y que nuestras culturas se están fusionando en una sola, cuando se profundiza un poco más, se hace evidente que las diferencias culturales siguen estando muy presentes, aunque a menudo hábilmente disfrazadas.

PARTE 2

Manejo de la ira

Día 11

Cuando la ira se convierte en un problema

Aunque expresar la ira está bien, y es realmente bueno para la salud, si lo haces de forma inapropiada o empiezas a sentirla con demasiada intensidad o frecuencia, deja de ser una emoción normal y se convierte en un problema.

Durante un arrebato de ira, tu cuerpo produce ciertas hormonas. Si se liberan con demasiada frecuencia o durante demasiado tiempo, afectan negativamente a tu salud de varias maneras.

Así que, aunque liberar la ira es una parte importante de tu salud mental, esto sólo funciona si lo haces de una manera que no ponga en peligro tu salud física o te aleje de la sociedad.

El cerebro primitivo

La ira a menudo se convierte en un problema cuando el cuerpo y la mente no están alineados. Tu reacción durante una situación de lucha-vuelo-congelación es un remanente del comportamiento atávico, que era importante cuando vivíamos cerca de la naturaleza y sigue siéndolo, para aquellos que continúan viviendo de esa manera.

Sin embargo, en los últimos 30.000 años, nuestros cuerpos y nuestro medio ambiente no cambiaron al mismo ritmo. Mientras que nuestros cuerpos e instintos permanecieron iguales a los de un cavernícola, nuestros entornos físicos y sociales cambiaron más allá de lo reconocible.

En el siglo XXI, ya no estamos expuestos regularmente a los peligros que harían que los instintos de lucha sean necesarios para nuestra supervivencia. Sin embargo, para sobrevivir al estrés, al cambio constante y al rápido ritmo del mundo moderno, ahora necesitamos un conjunto muy diferente de habilidades, y el manejo de la ira es una de ellas.

Numerosos estudios sobre la importancia del cerebro en el desarrollo humano muestran que el llamado "cerebro primitivo" - la parte del cerebro que se ocupa de nuestros instintos de supervivencia - es mucho más poderoso e importante que la parte responsable de nuestras capacidades cognitivas.

Los estudios muestran que, independientemente de cuánto control intentemos ejercer sobre la parte de la neocorteza del cerebro -por mucho que intentemos atenernos a la moral, la ética y las buenas intenciones- cuando nos encontramos en una situación que amenaza la vida, la parte primitiva de nuestro cerebro, la que se ocupa de los instintos, toma el control. Esto, de acuerdo con la neurociencia, explica por qué nos dejamos vencer tan fácilmente por la rabia o el miedo y somos incapaces de detenerlo.

Esto significa que, aunque nuestros cuerpos han permanecido, desde una perspectiva evolutiva, similares a los de un hombre de las cavernas, nuestras mentes "siguieron adelante" y continuaron desarrollándose y adaptándose al entorno y las circunstancias cambiantes.

Por esta razón, a menudo hay un choque entre lo que creemos que debemos hacer y lo que realmente hacemos. Como la reacción de nuestro cuerpo no cambió ante el peligro (no sólo el físico), el dicho "haz lo que creas que es correcto" tiene mucho sentido. Sin embargo, aunque tu cuerpo y tus instintos sepan lo que es mejor para ti, puede que no seas capaz de actuar en consecuencia. Nuestro mundo requiere que nos atengamos a las leyes, reglas y normas culturales que a menudo van en contra de nuestros instintos.

Aunque el mundo ha cambiado mucho, no significa que hoy en día nos enfrentemos a menos peligros que hace todos esos años. La principal diferencia es que los peligros de hoy no provienen de nuestro entorno físico, como los animales salvajes, las tribus hostiles o el hambre, sino de nuestro estilo de vida.

Los cinco principales "peligros" que enfrentamos hoy en día:

1. Estrés crónico
2. La superpoblación y la falta de espacio personal
3. Competitividad
4. Vida rápida
5. El mundo en rápido cambio

Como nuestros cuerpos físicos no han cambiado al mismo ritmo con el que ha cambiado nuestro entorno social, nuestras reacciones al estrés y la tensión de los tiempos modernos es simplemente el resultado de nuestros cuerpos tratando de hacer frente a las circunstancias para las que no fueron diseñados. Por lo tanto, las partes primitivas de nuestros cerebros reaccionan a estos factores de estrés de la misma manera que lo harían ante un ataque inminente de un animal salvaje o cualquier otro peligro físico.

Desafortunadamente, no todos lidian bien con el estrés. Estos factores de estrés, especialmente si ocurren con demasiada frecuencia o no se tratan, a menudo nos hacen enojar.

Como especie, nos enfrentamos a 4 problemas principales:

- Adaptarse a un entorno que está cambiando demasiado rápido

- Desarrollar estilos de vida poco saludables para adaptarse a los cambios del entorno

- Lidiar con el estrés

- Lidiar con los problemas de ira que a menudo resultan del estrés en el que el mundo parece estar ahogándose

Entonces, ¿significa esto que nuestro primitivo cerebro es el motivo por el que tantos de nosotros parecemos estar tan enojados todo el tiempo? Probablemente no. Nuestro cerebro simplemente intenta ayudarnos a sobrevivir ante las amenazas que enfrentamos, sin importar cuáles sean. No distingue entre un lobo hambriento a punto de atacar y un jefe enojado que amenaza con despedirte. En ambos escenarios, estás en serios problemas, y el torrente de adrenalina está simplemente ahí para ayudarte a tomar la mejor decisión bajo las circunstancias y salvar tu vida o tu trabajo.

Sin embargo, vivimos en un mundo sofisticado y aunque te provoquen y te sientas muy enojado, deberías intentar controlar tus reacciones.

La ira intensa puede conducir a la violencia, que puede resultar en lesiones físicas, encarcelamiento o incluso la pérdida de la vida. Incluso si tu ira no conduce a la violencia, si la expresas de manera inapropiada, tu posición en la sociedad puede verse seriamente dañada. Las personas violentas y groseras pueden convertirse fácilmente en marginados sociales.

Si eres conocido por tu temperamento, otros pueden sentirse intimidados en tu presencia y comenzar a evitarte, negándose a tener nada que ver con tu familia o impidiendo que sus hijos socialicen con los tuyos. Un temperamento mal manejado puede costarte tu relación, tu trabajo y tu salud.

Hay personas que actúan de manera agresiva y enojada no porque no puedan controlar su cerebro primitivo, sino porque se sienten bien cuando están intimidando a otros. Algunos pueden creer que la gente es más propensa a escucharlos o respetarlos de esa manera. Otros pueden actuar agresivamente porque nunca aprendieron a controlar su ira y simplemente no conocen una mejor manera de expresar la molestia, el resentimiento o el dolor. Cuando alguien ha estado bajo una presión significativa durante mucho tiempo, puede que ya no le importe cómo su arrebato de ira hace sentir a los demás, siempre y cuando libere la tensión acumulada.

Otro problema con la ira es que puede convertirse en un hábito. Y como romper un hábito requiere determinación y perseverancia, puede que te resulte más fácil mantener tu rutina en lugar de intentar cambiarla.

Si estás luchando con la ira, tal vez deberías considerar el asesoramiento para el manejo de la ira, donde puedes aprender a procesarla y liberarla de una manera que no sea autodestructiva ni dañina para tu entorno.

¿Se puede controlar el cerebro primitivo?

No poder adaptarse a un entorno cambiante es lo que se cree que ha exterminado a los dinosaurios. Por lo tanto, para evitar meterte en problemas debido a la ira, la tuya o la de alguien más, debes aprender a reconocer los primeros signos físicos de la emoción.

7 signos tempranos de ira:

1. Tensión en los hombros
2. Dolor de cabeza
3. Golpeteo de pies
4. Frecuencia cardíaca rápida
5. Respiraciones cortas

6. Sudoración

7. Rubor facial

Lo que estos cambios fisiológicos significan es que tu cuerpo te está diciendo que te prepares para la acción, quizás enfrentándote a un cliente enojado, siendo acusado injustamente de algo que no hiciste, o un posible ataque animal.

Es crucial que en esta etapa te calmes, antes de que digas o hagas algo. Cuanto mayor sea el peligro, más cuidadoso debes ser con la forma en que reaccionarás.

- Intenta respirar más despacio y concéntrate en tu respiración.

- Intenta pensar cuál es la mejor manera de resolver el problema.

- Si la persona que está frente a ti está más enojada que tú, trata de calmarla. Déjalos que digan lo que tienen que decir e intenta que lo hablen.

- Ayudará si no ha consumido alcohol o drogas antes del incidente, ya que ambos tienden a disminuir la inhibición y ofrecen una falsa sensación de poder. La mayoría de los arrebatos de ira y agresividad ocurren cuando hay alcohol involucrado. Así que, si estás anticipando una reunión desagradable, no tomes un trago para prepararte para el encuentro. Todo lo que conseguirá es un estímulo para su ego, lo que puede costarle caro.

- Si no estás en peligro inminente, cuando te hayas calmado y, con suerte, hayas bajado la tensión arterial, intenta convencerte de que es una solución sensata. Alternativamente, intenta pensar en algo positivo.

Sin embargo, esto es más fácil para algunas personas que para otras. Si tienes problemas para controlar tus emociones y tiendes a reaccionar exageradamente a las provocaciones, las injusticias o el estrés, es hora de considerar un tratamiento de control de la ira.

Así que, aunque nuestros instintos a menudo nos ayudan a salir de una situación difícil, necesitamos adaptar nuestro comportamiento al mundo en el que vivimos. Si sabes que tienes un problema de ira, aprender sobre el manejo de la ira puede ayudarte a entender de dónde vienen tus emociones y cómo expresarlas mejor. Sin embargo, hay algunas cosas sencillas que puedes hacer, a partir de hoy, que te harán menos propenso a un comportamiento precipitado o a una reacción exagerada.

3 maneras simples de dominar tu temperamento:

1. Ejercicio físico

Si llevas una vida muy estresante, o por alguna razón se encuentra a menudo en situaciones o con personas que provocan en usted una reacción de enojo, debes hacer del ejercicio físico una parte esencial de su vida, ya que te ayudará a liberar la tensión.

El conocido psicólogo V Schutt cree que el ejercicio ayuda a disolver la ira porque te ayuda a canalizar tus emociones. Los científicos aún no están seguros de cómo sucede esto, pero creen que tiene algo que ver con la forma en que el ejercicio físico afecta los niveles de serotonina en el cerebro, que ayudan a regular el comportamiento. El ejercicio físico es particularmente importante para aquellos que tienen tendencias agresivas.

2. Atención plena

Si estás acostumbrado a sintonizar con tus emociones, quizás la atención puede ayudarte a entender por qué sientes y reaccionas de la manera en que lo haces. Cuando te sientes enojado, ¿cómo reacciona tu cuerpo, ¿qué sucede en tu pecho, cara, corazón, estómago? ¿Cómo te sientes, explotado, indefenso, abandonado y por qué? ¿Cuáles son los pensamientos que pasan por tu cabeza?

Cuando te hayas calmado, trata de discutir el incidente que te hizo enojar con la persona involucrada. Intenta no empezar con acusaciones, sino explicando cómo te hizo sentir el incidente.

Ser consciente de tu ira es admitir que no lo estás llevando bien, pero también que no quieres ignorar tus emociones negativas, sino que quieres hacer algo al respecto. El control de la ira puede ser un proceso largo y difícil, así que ten paciencia contigo mismo.

3. Meditación

La meditación es una forma fácil y sencilla de evitar que la ira se salga de control. Aunque hay muchas maneras diferentes de meditar, todas giran en torno a la autoconciencia.

La práctica de la meditación te ayuda a reconocer los signos de ira, para que puedas aprender a reaccionar cuando notes que la ira se acumula.

En otras palabras, la meditación mejora el autocontrol y la capacidad de calmar la mente al enfocarse en algo positivo. Si la practicas diariamente, pronto estarás más tranquilo y menos estresado, lo que indirectamente cambiará la forma en que reaccionas a las situaciones que provocan ira.

La meditación se ha utilizado con éxito para tratar con adolescentes problemáticos e incluso en la rehabilitación de delincuentes violentos.

Día 12

Manejar las emociones

Hay un proverbio que dice que "un hombre sin autocontrol es como una ciudad asaltada y sin muros".

Las emociones, tanto positivas como negativas, son una parte normal de nuestras vidas, siempre que se mantengan bajo control. Las emociones nos ayudan a entender cómo nos sentimos con respecto a algo o alguien, como si podemos relajarnos o debemos estar en guardia, si podemos contar con alguien o no, cuán seguros de nosotros mismos debemos sentirnos bajo ciertas circunstancias, y así sucesivamente.

Aun así, no debemos permitir que nuestros sentimientos gobiernen nuestras vidas, sino que debemos tratar de hacernos cargo de ellos y gobernarlos, en su lugar. Y esto sólo sucede si sabes cómo manejar tus emociones.

Cómo hacerte cargo de tus emociones

La mayoría de nosotros sabemos, a veces subconscientemente, qué tipo de situaciones o individuos presionan nuestros "botones". Y, si lo pensamos un poco, podemos prepararnos mejor para enfrentarnos a situaciones cargadas emocionalmente o a personas difíciles, con antelación.

Al igual que cuando te preparas para una reunión importante o una entrevista, si sabes que el hecho de encontrarte con ciertas personas o en cierta situación puede hacer que te sientas enojado y actúes de forma inapropiada, trabaja para prepararte para el evento.

Puedes hacerlo preparándote mental y emocionalmente para lo que crees que puede suceder. De esa manera, ya que tienes una mejor idea de lo que puedes esperar, estarás listo para enfrentar esos desafíos de una manera positiva y constructiva.

Cuando te haces cargo de tus emociones, puedes evitar que la situación se salga de control. Esto es particularmente importante para las situaciones que probablemente se intensifiquen y para aquellos que saben que tienen un problema de ira.

Por lo tanto, suponiendo que te resulte difícil controlar tu temperamento o que te encuentres a menudo en situaciones que te hagan comportarte de manera inapropiada, debes preparar un Plan de Acción para manejar tus emociones

8 cosas para hacer cuando quieras mejorar la forma en que manejas tus emociones:

1. Evita si puedes

Siempre que sea posible, trate de evitar las situaciones y las personas que pueden hacer que te enojes. Desafortunadamente, esto no suele ser posible, y todo lo que puedes hacer es esperar tener suficiente tiempo para prepararte mental y emocionalmente antes de enfrentarte a ellas.

2. Las emociones son una cuestión de elección

Con una dosis saludable de autocontrol e inteligencia emocional, es fácil evitar enojarse, incluso en compañía de aquellos que fácilmente presionan tus "botones". Ser capaz de manejar tus emociones consiste en tomar el control total de cómo reaccionas a los desencadenantes de la ira.

3. Intenta que la situación sea menos tensa

A menudo es posible desactivar la tensión si se hace un esfuerzo consciente para hacerlo. Por ejemplo, si sabes que un amigo es susceptible a ciertos temas, evita hablar de ellos. Si tu jefe es muy puntual, haz un esfuerzo para llegar al trabajo a tiempo. A menudo hacemos cosas que sabemos que irritan a los demás, ya sea porque somos demasiado perezosos para hacer un esfuerzo, porque disfrutamos presionando sus "botones", o porque somos tan egocéntricos que simplemente no pensamos en cómo lo que decimos puede hacer sentir a los demás.

4. Pregúntate por qué ciertos individuos o situaciones desencadenan una respuesta negativa en ti

A veces, cuando estás enojado con otros, puedes estar realmente enojado contigo mismo. No es raro proyectar lo que sentimos sobre nosotros mismos a los demás. Por ejemplo, si la arrogancia de alguien te hace enojar, ¿estás seguro de que no es porque te reservas la arrogancia para ti mismo y te molesta que alguien más se comporte de la manera que crees que tienes derecho a actuar?

A menudo decimos a los demás lo que deberíamos decirnos a nosotros mismos: "No seas tan impaciente", "¿Por qué eres tan egoísta? "Así que, el dicho "Se necesita uno para conocerse a sí mismo" tiene mucho sentido.

5. Intenta ignorar los desencadenantes

Si sabes que en ciertas situaciones siempre te enojas, intenta cambiar tu enfoque. Por ejemplo, si encuentras que la forma en que alguien se viste es irritante, trata de cambiar el enfoque de tu estilo de vestir a otros aspectos de su personalidad, como su ética de trabajo o su empatía. Es fácil enojarse si te centras en lo que no te gusta o en lo que no apruebas.

6. Cambia tus pensamientos

Si puedes controlar tus pensamientos y actitudes, no tendrás problemas para controlar tus emociones, tus pensamientos crean tus emociones. Cuando dejes de centrarte en lo negativo de tu vida, como los colegas groseros, las condiciones de trabajo injustas, las luchas familiares o las consecuencias de la contaminación ambiental, automáticamente te sentirás menos enojado. Y si llegas a una etapa en la que puedes sentirte genuinamente feliz por los demás, te volverás menos crítico, más compasivo, y rara vez te sentirás enojado.

7. Cambia tu reacción

Cambiar la forma en que reaccionas a un desencadenante no es fácil, es algo en lo que tienes que trabajar toda tu vida. Sin embargo, cuando puedes controlar tus emociones, tienes control sobre tu vida. Al hacer un esfuerzo para elegir tu respuesta a un desencadenante, estás tomando el control de una situación potencialmente caótica. Es bien sabido que la ira engendra enojo - cuando eliges reaccionar con enojo, prepárate para recibir una reacción similar de los demás.

8. Concéntrate en la solución, no en el problema

En lugar de pensar constantemente en lo horrible que es la gente con la que trabajas, intenta cambiarlos, cambiarte a ti mismo, aceptar la situación o encontrar otro trabajo. Al concentrarte en lo negativo de tu vida, como un amigo desleal, una relación sin salida, un trabajo mal pagado, una salud precaria, te estás volviendo amargado e irritable. Revolcarse en la autocompasión y la ira no puede traerte nada bueno, así que ¿por qué hacerlo? ¿Por qué no intentar encontrar una solución a tu problema, en lugar de rumiar sobre la injusticia de la vida?

Cómo controlar las emociones de la ira

Normalmente podemos ver venir una reacción de enojo, como cuando la reunión no va en la dirección correcta o cuando sabemos de antemano que es probable que una situación particular se vuelva desagradable. Esto significa que normalmente tenemos tiempo para prepararnos para situaciones que sospechamos pueden provocar una reacción de ira, ya sea en nosotros o en otros.

Si quieres ser el amo de tu vida y sabes que tienes un problema de ira, trata de adoptar prácticas que te ayuden a controlar tanto los desencadenantes de la ira como tu reacción a esos desencadenantes.

6 hábitos que pueden ayudarte a controlar tus emociones en cualquier situación:

1. Sintonízate con tu interior

Este es un ejercicio muy útil, particularmente cuando te sientes infeliz, molesto o enojado. Empieza preguntándote por qué te sientes así. Presta atención a cualquier emoción o pensamiento que surja: tristeza, ansiedad, envidia, rabia, etc.

Sintonizar es estar en contacto con tus sentimientos más íntimos. Se trata de reconectar con tu intuición. A la mayoría de nosotros se nos ha animado a no confiar en nuestras intuiciones, sino a basar nuestras decisiones en nuestras mentes lógicas.

Escuchar tu intuición en el mundo ruidoso, neurótico y estresante puede ser difícil. No sólo la mayoría de nuestros instintos se han vuelto latentes, sino que raramente confiamos en ellos. Tu intuición o instinto puede ser una fuente de sabiduría y, a menudo, tu mejor guía. Pero para recibir esta guía, tienes que escucharla y aprender a entender lo que trata de decirte. Esto comienza cuando sintonizas con tu interior.

Tu voz interior no es más que tu subconsciente diciéndote lo que es mejor para ti en estas circunstancias. Sin embargo, puede que no diga lo que te gustaría oír, y esa es a menudo la razón principal por la que eliges ignorar esta voz.

2. Desarrollar la inteligencia emocional

La gente emocionalmente inteligente tiene grandes habilidades sociales. No sólo están en contacto con sus sentimientos, sino que son capaces de sintonizar con los sentimientos de los demás.

La inteligencia emocional permite a las personas entenderse a sí mismas y aprender de dónde vienen sus sentimientos. Como resultado, sus reacciones son oportunas y apropiadas. Son buenos para escuchar, lo que no sólo mejora sus habilidades de comunicación, sino que evita que las situaciones cargadas de emociones se salgan de control.

Básicamente, el manejo de las emociones se trata de averiguar qué es lo que ha provocado una emoción en particular y no responder hasta que se haya tenido tiempo de procesar esa emoción. Lo mejor es que cuando puedes manejar tus emociones, puedes manejar fácilmente cualquier situación en la que te encuentres.

3. Desarrollar una mentalidad positiva

Ser positivo sobre la vida es bueno para tu salud, tus relaciones y tu felicidad en general.

En línea con el dicho de que "lo que es igual atrae a lo que es igual", mantenerse positivo incluso cuando las cosas no van bien es el prerrequisito para el éxito. Cuando eres positivo en la vida, es fácil sentirse bien contigo mismo, y esto hace que sea más fácil tratar con la ira, tanto la tuya como la de otras personas.

4. 4. Concienciación

La aplicación de las técnicas de la atención plena es muy útil cuando sientes que estás empezando a perderlo o sientes que necesitas más equilibrio en tu vida. En primer lugar, reconocer lo que está pasando (me estoy enojado). Date tiempo para pensar en cómo responder (cuente hasta diez). Responde con calma (sugiere un breve descanso, pospone la reunión para otro momento, o intenta mirar el problema desde un ángulo diferente o de una manera que dé a ambas partes la oportunidad de reconsiderar su posición).

5. Identifica tu umbral de ira

Tienes que saber cuándo trazar la línea y retirarte de una situación que no va a ninguna parte y que es probable que se salga de control. Dependiendo de la situación, puedes sugerir un enfoque diferente, consultar con alguien o simplemente alejarte. A veces, retirarse de la escena es todo lo que se necesita para calmar un momento de tensión. Sin embargo, es importante que lo hagas ANTES de que las cosas se salgan de control.

6. Recargate antes de empezar a funcionar "en vacío"

Las emociones negativas, como la ira, crean una energía negativa que no sólo es autodestructiva, sino que rápidamente agota su vitalidad y entusiasmo. Para combatirla, averigua qué actividades mejoran tu estado de ánimo y hazlas siempre que sientas que la negatividad subconsciente se está acumulando (esto podría ser sacar a pasear a tu perro, sentarse en el jardín, meditar, hablar con alguien, escuchar música que te levante el ánimo, etc.).

Citando al monje budista zen Thich Nhat Hanh, "Cuando dices algo desagradable, cuando haces algo en represalia, tu ira aumenta. Haces sufrir a la otra persona, y se esfuerzan en decir o hacer algo para hacerte sufrir, y obtener alivio de tu sufrimiento. Así es como el conflicto se intensifica".

Día 13

Inteligencia emocional y manejo de la ira

Cuando la mayoría de la gente piensa en la inteligencia emocional, parece imaginarla como un conjunto de habilidades que pueden hacerlos más contratable. Esto es en parte cierto: ser un buen jugador de equipo, trabajar fácilmente bajo presión y ser capaz de comunicarse eficazmente en un entorno culturalmente diverso aumenta las posibilidades de ser contratado.

Sin embargo, estas mismas habilidades son igual de importantes fuera del trabajo, y tal vez aún más. Tu capacidad para entender y manejar tus emociones y ser capaz de procesarlas antes de responder, influirá en el éxito con el que enfrentes los desafíos tanto a nivel personal como profesional.

La inteligencia emocional es mucho más que la empatía y las buenas habilidades de la gente. Se trata de la conciencia de sí mismo y la autogestión: las mismas habilidades que necesitas si estás luchando con la ira.

¿Qué es la inteligencia emocional y por qué es importante

Las habilidades de inteligencia emocional giran en torno a la capacidad de comprender y manejar sus propias emociones, así como las de los demás. La gestión de las emociones consiste en comprender lo que las desencadena, pero eligiendo no responder al desencadenante hasta que hayas tenido tiempo de procesar la emoción. Y cuando puedes manejar tus emociones, puedes manejar cualquier situación en la que te encuentres.

La capacidad de manejar tus emociones puede ser de gran ayuda en muchas situaciones diferentes, como en la toma de decisiones o en la resolución de conflictos, pero sobre todo para evitar situaciones que puedan desembocar en un conflicto.

Para cualquiera que tenga contacto con otros (como la mayoría de nosotros), los conflictos son una parte inevitable de la vida. No son necesariamente malos, porque a veces ayudan a que los problemas y las emociones salgan a la luz. Por lo tanto, si puedes controlar tus emociones, puedes tomar el control de tu vida y tus relaciones.

Los problemas de relación ocurren tanto dentro como fuera del trabajo, y aunque utilizarías una técnica diferente al resolver un conflicto diplomático que una discusión con un amigo, todavía necesitas ser emocionalmente inteligente para enfrentar la situación con éxito.

Aprender sobre la inteligencia emocional no es difícil, aunque para algunos es más fácil que para otros. Para las personas que son empáticas por naturaleza, estas habilidades son una forma de vida, y las aplican, a menudo sin saberlo, a cualquier cosa que hagan. Por otro lado, aquellos que no están en contacto con sus propios sentimientos, y que se preocupan aún menos por los sentimientos de los demás, tienen que hacer un esfuerzo para empezar a pensar y comportarse de una manera emocionalmente inteligente.

Muchas personas aprenden la inteligencia emocional en el trabajo, como cuando se encuentran en situaciones que requieren tolerancia, paciencia y empatía. Sin embargo, es mucho mejor adquirir estas habilidades antes de encontrarse en una situación delicada.

Lo que distingue a las personas emocionalmente inteligentes de los demás es que se conocen bien a sí mismos, por lo que entienden por qué piensan y reaccionan de la manera en que lo hacen. Cuando tienes un alto nivel de autoconciencia, entiendes lo que pasa por tu mente, incluso si no lo apruebas. Y es más fácil tratar con algo que entiendes.

Todos nos enfadamos de vez en cuando, pero una persona emocionalmente inteligente siempre intentará procesar la emoción que está experimentando. Esto es importante, ya que su ira es a menudo sólo una reacción a otra cosa, incluso algo de lo que puede que ni siquiera sea consciente, como el recuerdo de una vieja herida.

La competencia emocional puede realmente cambiar su vida y mejorar sus posibilidades de éxito en todos los niveles. Hay muchas técnicas a tu disposición si quieres dominar las habilidades de la inteligencia emocional, pero para beneficiarte realmente de ellas, tienes que aplicarlas a todo lo que haces.

La inteligencia emocional también consiste en desarrollar una conciencia de cómo tu comportamiento afecta a los demás, una persona emocionalmente inteligente es plenamente consciente de ello, independientemente de la situación en la que se encuentre.

2 beneficios principales de la inteligencia emocional:

- **Estás en completo control de tus emociones**

  Cuando puedes controlar tus emociones, puedes controlar tu vida. Y cuando puedes hacer eso, puedes tomar un papel proactivo en cómo tu vida se desarrolla.

- **Se evitan o resuelven fácilmente los conflictos**

  Aunque las personas emocionalmente inteligentes son buenas para resolver conflictos, su principal ventaja sobre los demás es que saben cómo evitar que una situación llegue a una etapa en la que se convierta en un conflicto abierto.

Cómo la inteligencia emocional ayuda a controlar la ira

La inteligencia emocional se trata principalmente de la conciencia de sí mismo y de la autogestión. Las personas que son conscientes de sí mismas rara vez se dejan llevar, incluso cuando están enfadadas, mientras que la autogestión les ayuda a controlar sus pensamientos y emociones de ira.

Por lo tanto, si a menudo se ve abrumado por pensamientos negativos, que crean emociones negativas y dan lugar a arrebatos de ira, debe abordar su problema de ira lo antes posible.

Sin embargo, si cree que su comportamiento no requiere terapia, puede intentar modificarlo mejorando sus habilidades de inteligencia emocional. Esto sólo es posible si practica la autoconciencia, que puede lograrse cuando comienza a prestar atención y a tratar de comprender sus pensamientos, emociones y comportamiento.

6 formas de desarrollar la inteligencia emocional:

1. **Auto-análisis**

   Si realmente te conoces, entenderás por qué sientes y reaccionas de la manera en que lo haces. Cuando entiendes el PORQUÉ (reaccionas de cierta manera), se hace más fácil averiguar el CÓMO (deberías comportarte en su lugar).

2. **Concienciación de sí mismo**

   Aprende a sintonizar con tus emociones, independientemente de cuáles sean, e intenta comprender cómo afectan a tus pensamientos o decisiones. Pregúntate a ti mismo por qué te sientes de la manera en que lo haces.

3. **Comprende de dónde viene tu ira**

Los sentimientos negativos son más fáciles de tratar si los nombras. Incluso si no puedes hacer nada al respecto en este momento, saber con qué estás tratando es parte de la solución.

4. **No te apresures a responder a un disparador**

Cuando te sienta enojado, date tiempo para pensar antes de responder. Dependiendo de lo que estés respondiendo, puedes considerar posponer tu respuesta para más tarde. Si eso no es posible, simplemente cuenta hasta 10, o 50, o el tiempo que tome para no decir algo de lo que te arrepientas más tarde.

5. **Intenta sintonizar con las emociones de los demás**

Desafortunadamente, la mayoría de las personas no son buenos oyentes ni tienen tiempo para dedicarle a los demás. Intenta acercarte a los demás con una mente abierta para que puedas "leer" la situación y tener una idea de cómo se sienten.

6. **Sé flexible.**

Acepta que, independientemente de la fuerza de tus opiniones sobre un tema en particular, puede haber situaciones en las que tengas que ser más diplomático. Prepárate para ajustar tus palabras, acciones o reacciones a la situación.

7. **Reconocer y nombrar**

Todas las emociones, especialmente las negativas, tienen que ser reconocidas y nombradas para que puedas abordar la causa REAL de tu reacción.

8. **Regulación emocional**

Se trata de aprender a controlar las emociones fuertes, especialmente las negativas, y no actuar por impulso. Practica pensando en algo que te haga sentir herido, enojado. Siéntate con el sentimiento -siéntelo, "digiérelo"- y después de unos cinco minutos, "responde" a la persona o situación que te hizo sentir así.

No puedes manejar una situación (o un equipo, una relación, etc.) a menos que puedas manejarla tú mismo. Vivimos bajo mucho estrés, lo que a menudo hace que personas que de otra manera serían pacíficas, se enojen. Aunque gritar, dar portazos, o usar un lenguaje fuerte puede ayudarte a liberar esa ira reprimida, tal comportamiento es inaceptable en público. Los beneficios de deshacerse de tu ira se verán debilitados por el hecho de que más tarde tendrás que disculparte con aquellos que se sintieron heridos o amenazados por tu comportamiento. Y puede que incluso te cueste tu trabajo, o una relación.

La ventaja clave de ser emocionalmente inteligente es que te haces más consciente de cómo lo que dices y haces afecta a los que te rodean. No sólo te hace un mejor líder, sino también un mejor ser humano.

Día 14

Inteligencia emocional

En el mundo superpoblado, dinámico y en rápido cambio, se está volviendo difícil lidiar, y mucho menos tener éxito personal y profesional, sin habilidades de inteligencia emocional. Sin embargo, la disminución del mercado laboral, los espacios de trabajo superpoblados y las crecientes demandas de nuestro tiempo contribuyen al estrés y la frustración que tenemos que enfrentar casi a diario.

El manejo de las emociones es la clave de la inteligencia emocional, pero esto no significa que tengas que sentirte positivo sobre la vida sin importar lo que pase a tu alrededor.

El manejo de las emociones consiste en aprender a reaccionar ante el miedo, la frustración, la decepción o el estrés de manera que se reduzcas la ansiedad y la tensión tanto en ti mismo como en los demás, en lugar de empeorar una situación ya de por sí tensa.

Reconocer y manejar tus emociones

Nuestras emociones son el resultado de nuestros pensamientos, experiencias y mentalidad. Y aunque no es posible cambiar tus experiencias pasadas, sí es posible cambiar tus pensamientos y tu actitud.

Puede que te estés alimentando con pensamientos negativos o que estés en una situación en la que te alimentes de esos pensamientos por los que te rodean, como tus padres, tu pareja o tus amigos. Afortunadamente, los pensamientos pueden ser cambiados y el poder de cambiar tus pensamientos y comportamiento está en ti.

No es realista esperar que alguien, sin importar lo emocionalmente inteligente que sea, se sienta siempre positivo sobre la vida. Mucho de lo que sentimos y pensamos tiene que ver con la gente con la que entramos en contacto o con los entornos en los que vivimos. Por ejemplo, en una zona de guerra o en un barrio pobre, es difícil ser positivo sobre cualquier cosa, especialmente si te sientes atrapado. Mucha gente se siente mal consigo misma o con sus vidas a pesar de tener todo lo que podrían desear.

Para manejar las emociones, nunca debes suprimirlas. Por eso muchos terapeutas desaprueban los mantras y las afirmaciones positivas. En lugar de reconocer que estás enfermo, sin ingresos o en una relación desordenada, al repetir un mantra positivo – "estaré bien", o "estoy sano y lleno de energía" o "confío en que el Universo me proveerá"- estás perdiendo el tiempo esperando que alguien más te provea una solución a tu problema.

Las afirmaciones positivas pueden ser muy útiles cuando te sientes deprimido, porque definitivamente es mejor creer que tus circunstancias mejorarán que decirte a ti mismo que estás en una situación desesperada. Sin embargo, esto sólo funciona como una medida temporal, hasta que encuentres una solución creativa a tu problema. En otras palabras, las afirmaciones positivas son simplemente una herramienta para aumentar tu autoconfianza hasta que realmente hagas algo sobre el problema. El enfoque está en la acción.

Puede haber ocasiones en las que empujar tus emociones fuera de tu mente puede ayudarte a lidiar con ellas. Cuando los sentimientos poderosos permanecen embotellados durante demasiado tiempo, especialmente si se refieren a una experiencia traumática, pueden afectar tu comportamiento, salud y mentalidad.

El manejo de las emociones no consiste en reprimirlas, sino en abordarlas de manera positiva y constructiva.

3 consejos sobre cómo evitar que las emociones negativas se embotellen:

1. **Habla de ellas**

   Las emociones se embotellan porque no es fácil hablar de algunas experiencias, es posible que no sepas cómo expresar tus sentimientos o que no tengas a nadie con quien hablar. Algunas personas también pueden pensar que expresar sus emociones es un signo de debilidad.

   Una persona emocionalmente inteligente sabe que la liberación de emociones es una parte importante de la salud mental, necesaria para su bienestar emocional y mental.

   Las emociones no abordadas eventualmente se convierten en un equipaje emocional, que algunas personas llevan toda su vida. Tu salud emocional depende de tus recuerdos y experiencias, y cuantos más traumas haya en tu vida, mayor será la necesidad de desempacar ese equipaje emocional y dejarlo ir. Por sí solas, las viejas heridas pueden sanar en la superficie, pero los recuerdos de vergüenza, pena, culpabilidad o arrepentimiento pueden crear cicatrices que, si no se liberan, pueden quedarse contigo para siempre.

2. **Escríbelas.**

Si no puedes hablar de tus emociones, intenta escribirlas. De esa manera, todavía puedes sacarlas de tu sistema sin que nadie se entere de tu secreto. Para asegurarte de que nadie te vea, destruye las pruebas escritas una vez que hayas terminado.

3. **Aprende a deshacerte de las emociones negativas**

Hay muchas maneras de dejar ir la ira, el miedo, la tristeza, los celos y otras emociones negativas. Si estas emociones son tan abrumadoras que te impiden llevar una vida normal, deberías considerar la terapia. Si son menos problemáticas, puede probar técnicas de autoayuda, como el ejercicio físico, el diario, la auto terapia, la meditación. Deshacerse de las emociones negativas es particularmente importante si tienes baja autoestima y una tendencia a volver tu ira hacia adentro de ti.

Sin embargo, por mucho que lo intentes, puede que no sea posible deshacerse de algunos tipos de ira. Ya sea porque la injusticia cometida es imperdonable, como el abuso infantil, o porque simplemente no puedes superar algo, como que alguien mucho menos competente que tú sea ascendido y se convierta en tu jefe.

Sin embargo, aunque la ira puede estar justificada, aferrarse a ella no lo está. Si el daño no puede deshacerse, para tu propia tranquilidad, debes tratar de resolver el efecto negativo de la ira. Esto es crucial, porque mientras te aferres a ella, continuará dañándote sin que te des cuenta.

La carga de la ira no resuelta

A menudo, sin saberlo, nos aferramos a la ira volviendo a visitar recuerdos dolorosos del pasado que no podemos o no queremos dejar ir.

Para dejar ir la ira, primero tienes que entender lo autodestructiva que puede ser y cómo puede causar muchos problemas sin que te des cuenta de lo que está pasando.

Todas las emociones necesitan una salida. Cuando la ira no se libera, afecta a tu cuerpo, lo que afecta al funcionamiento de tu mente, lo que a su vez afecta al tipo de emociones con las que acabas viviendo. En lugar de dejar que la ira reprimida gobierne tu vida, toma el control dejando ir todo lo que ya no te sirve, o que está socavando tu salud y bienestar.

4 pasos para dejar ir la ira:

Paso 1: ¿Eres consciente de cómo la ira está afectando tu vida?

Para ver el impacto completo de cómo la ira te hace sentir y comportarte, escribe las respuestas a estas preguntas.

1. ¿Cómo te hace sentir la ira?

2. ¿Cuánto tiempo pasas cada día sintiéndote enojado?

3. ¿Te despiertas a menudo con rabia?

4. ¿La ira suele impedir que te duermas?

5. ¿Te permites comer alimentos reconfortantes o beber alcohol cuando te sientes enojado? ¿Ayuda?

6. ¿Cómo afecta la ira a tu rendimiento en el trabajo?

7. ¿Cómo afecta la ira a tus relaciones personales?

8. ¿Qué haría falta para que dejes de lado esta ira?

Paso 2: Imagina tu vida sin esta ira reprimida

Escribe tus respuestas.

1. Si no estuvieras enojado, ¿cómo te sentirías por la mañana al despertarte?

2. Si no te enfadaras, ¿beberías menos?

3. ¿Cómo afectaría a tus relaciones el no sentirte enfadado?

4. ¿Cómo afectaría el no sentirse enojado a tu desempeño en el trabajo?

5. ¿Cómo te sentirías sobre tu futuro si no tuvieras esta ira?

Paso 3: Acepta las cosas que no puedes cambiar

¿Has identificado la verdadera causa de tu ira? Si pudieras volver atrás en el tiempo, ¿qué harías de forma diferente que te permitiera vivir libre de ira?

1. Enumera tres cosas que cambiarías en tu comportamiento.

2. ¿Qué te impide cambiar esos comportamientos ahora mismo?

3. ¿Puedes aceptar tus arrepentimientos como errores de los que puedes aprender?

Paso 4: Aceptación

Piensa en tu ira. Escribe tus respuestas.

1. ¿Eres de alguna manera responsable del daño que te hace enojar?

2. ¿Has considerado la posibilidad de que la persona que te hizo enojar no tuviera otra opción?

3. ¿Alguna vez has hecho algo similar a otra persona?

El cuarto paso puede ser doloroso, pero es muy poderoso. Dependiendo de la fuente de tu ira, puede tomarte mucho tiempo llegar a una etapa en la que puedas ver el problema desde el punto de vista de la otra persona.

Se cree que sólo una vez que asumes la responsabilidad total de tu ira, y entiendes tu propio papel en ella, puedes superarla de verdad.

Día 15

Atención Plena

La atención plena se trata de estar completamente concentrado en lo que pasa a tu alrededor, lo que haces, lo que dices y cómo te sientes. Aunque esto probablemente suene bastante simple, es más fácil decirlo que hacerlo - nuestras mentes no son fáciles de mantener quietas.

Debido al estrés, a la sobrecarga de información o a un estilo de vida ocupado, evitar que tu mente deambule puede ser todo un reto. Los pensamientos acelerados, la charla interna o las cosas que te preocupan inconscientemente todo el tiempo, pueden hacer que tu mente esté desordenada e inquieta.

La clave de la vida consciente es el enfoque. Una persona consciente está "totalmente en el momento", ya sea jugando con su hijo, trabajando, comiendo, haciendo el amor, escalando o escribiendo una carta a un amigo. Es consciente del efecto que sus palabras o acciones pueden tener en los demás, así que piensa antes de hablar o actuar.

La atención plena puede aprenderse y también puede convertirse en una forma de vida; sin embargo, requiere un esfuerzo de tu parte para mantener tu mente enfocada en una cosa en medio de todas las distracciones que nos rodean. Muchas actividades pueden ayudarte a cultivar esta técnica de desarrollo personal, como el yoga, la meditación, la visualización y los deportes.

¿Qué tan consciente eres?

Practicar la atención plena tiene muchos beneficios para tu salud, felicidad, trabajo y relaciones. Tanto la ciencia como la experiencia muestran que todas las áreas de tu vida mejoran una vez que empiezas a vivir de forma consciente.

Sin embargo, ser consciente en estos tiempos no es fácil. Los estudios indican que la mayoría de las personas pasan casi el 50% de sus horas de vigilia pensando en algo que no tiene nada que ver con lo que están haciendo, y esto afecta indirectamente a su rendimiento, creatividad, concentración y bienestar.

13 cosas que una persona FOCALIZADA hace:

1. Les resulta fácil concentrarse en las tareas.

2. Hacen buen uso de su tiempo.

3. Hacen las cosas con rapidez.

4. No se distraen fácilmente.

5. Priorizan y se concentran en las cosas más importantes.

6. Siempre encuentran tiempo para responder a los correos electrónicos, reunirse con amigos y visitar a la familia.

7. Están totalmente presentes durante las reuniones.

8. Les resulta fácil concentrarse en lo que están haciendo.

9. Piensan antes de decir algo.

10. Eligen "consultar con la almohada" en lugar de tomar una decisión apresurada.

11. Se mantienen tranquilos bajo presión.

12. Son plenamente conscientes de lo que sienten por alguien o algo.

13. Les resulta fácil entender cómo se sienten los demás.

8 cosas que hacen aquellos que no están focalizados:

1. A menudo se sorprenden por lo que dicen o hacen.

2. A menudo son multitarea.

3. Se preocupan por el trabajo incluso después de dejar la oficina.

4. A menudo olvidan las cosas que dicen otras personas, las cosas que leen o las promesas que hacen.

5. Se sienten incómodos al estar sentados o callados por mucho tiempo, y preferirían estar haciendo algo.

6. Su mente vaga.

7. Cuando están molestos, no pueden dejar de pensar en ello.

8. A menudo tienen problemas para dormir porque sus pensamientos los mantienen despiertos.

Nuestras mentes dispersas hacen lo mejor que pueden para seguir el rastro de todas las cosas que necesitamos recordar.

Sin embargo, en este mundo tan estresante, usamos tantos sombreros en un solo día que no es de extrañar que a menudo estemos muy nerviosos y ansiosos.

3 simples ejercicios de atención que te obligarán a ir más despacio y a concentrarte:

1. Observación plena

Este ejercicio te ayudará a notar, quizás por primera vez, cuán bellas, inusuales o interesantes son algunas cosas en las que nunca antes había pensado.

Elije un objeto de tu entorno inmediato, como tu jardín, el parque en el que paseas a tu perro o algo que tengas en tu balcón. Debe ser algo que haya estado allí durante años, que nunca antes te hayas molestado en notar: una flor, un pájaro que visite tu comedero de pájaros, un trozo de roca, un tronco de árbol caído, un árbol en plena floración.

Mira el objeto mientras puedas mantenerte concentrado. Relájate mientras lo haces.

Examina su forma, color y tamaño, recogiendo hasta los más pequeños detalles. Mientras lo haces, intenta sintonizar con este objeto e imaginar cuál debe ser su propósito en la red de la vida.

Si consigues mantenerte concentrado durante 15 minutos sin contestar el teléfono o hablar con alguien, te sorprenderá lo fresco que te sentirás después.

2. Inmersión consciente

Este ejercicio consiste en encontrar satisfacción en lo que haces en lugar de pasar continuamente de una actividad a otra. El propósito es disfrutar de lo que sea que estés haciendo en ese momento.

Por ejemplo, si estás involucrado en un trabajo aburrido y repetitivo, como hacer las tareas domésticas, trabajar en el jardín o clasificar archivos en el trabajo, intenta enfocar estas tareas desde un ángulo diferente. Haz tu trabajo más creativo.

Presta atención a cada detalle de tu actividad, como si tuvieras que describirle a alguien cómo se debe hacer un trabajo como ese. Concéntrate en lo que estás haciendo, y céntrate en cómo se siente tu cuerpo, cómo se mueven tus músculos cuando levantas o mueves cosas.

Al ser consciente de cada paso y al sumergirse en él, el trabajo se terminará rápidamente. Dejarás de pensar en lo aburrido que es y dejarás de presionarte para terminar lo antes posible para poder pasar a otra cosa. Puede que incluso empieces a disfrutarlo.

3. Consciencia de amar

Cuando se está atento al amor, no se espera al cumpleaños, aniversario o San Valentín de alguien para reflexionar sobre la importancia de esa relación en la vida. De vez en cuando, detente y mira hacia atrás a la conexión que tienes con un amigo, cónyuge o padre. Reflexiona sobre todo lo que ha pasado, aprecia que están en tu vida, y demuestra que te importan. No pienses sólo *en* lo que significan para ti, diles cómo te sientes.

La atención plena y el manejo de la ira

Cultivar la atención plena te ayuda a reducir tanto la frecuencia como el nivel de la ira que experimentas.

La conciencia es estar completamente presente en cualquier cosa que hagas. Para algunos, esto es natural, pero la mayoría de nosotros tenemos que aprender a cultivar la atención. Y una de las formas más fáciles de aprender esto es a través de la meditación.

La práctica de la meditación de la atención plena no tiene por qué ser complicada. Puedes hacerlo mientras paseas a tu perro, te sientas tranquilamente en el jardín, escuchas música que te levante el ánimo, o como parte de otras actividades como el yoga, los deportes o el tejido. En pocas palabras, la atención plena consiste en estar "centrado", sin ser consciente de ello. Con la práctica, se convierte en una forma de vida.

La atención plena puede facilitarte la vida mientras se mejora tu salud física, aliviando el estrés, bajando la presión sanguínea y reduciendo el dolor crónico.

Si las decisiones de tu vida se toman de forma consciente, significa que las habrás pensado bien. Por ejemplo, si decides hacerte vegetariano, una aproximación consciente a esta decisión debe ser bien pensada y creativa.

5 características de los veganos conscientes:

- Entienden y aceptan los desafíos que trae una nueva forma de vida.
- Están preparados para dejar su zona de confort y renunciar a las cosas a las que están acostumbrados, con el fin de permitir que nuevos gustos, experiencias y personas entren en sus vidas.
- Tienen una estrategia sobre cómo lidiar con las crisis, los antojos o las dudas.
- No temen defender lo que creen y están dispuestos a explicar, pero también a defender su forma de vida sin confrontación.
- Preparan y comen su comida con cuidado.

Entonces, ¿cómo se aplica la atención plena a la gestión de la ira?

Mientras que algunos terapeutas recomiendan controlar la ira contando hasta 10, o golpeando una almohada, otros no están de acuerdo con este enfoque ya que creen que esto sólo cura la herida en la superficie, mientras que, en el interior, sigue sangrando. En su lugar, recomiendan abordar el verdadero problema detrás del arrebato de ira, no la ira en sí misma.

Independientemente de tu enfoque para el manejo de la ira, cada vez más terapeutas recomiendan reemplazar las técnicas tradicionales de manejo de la ira por técnicas de atención.

La conciencia es una experiencia muy personal y hay muchas formas diferentes de hacerlo, pero, puedes aplicar estos pasos a casi cualquier actividad o situación.

<u>7 pasos básicos para la atención plena:</u>

1. Encuentra un lugar tranquilo para sentarte y relajarte.

2. Establece un límite de tiempo, como de cinco a diez minutos.

3. Mantén tu mente y si deambula, tráela de vuelta.

4. Toma conciencia de tu cuerpo: nota cómo se sienten tus rodillas, cuán calientes o fríos están tus pies, cuán tenso o relajado está tu abdomen, o si tiene algún dolor o molestia.

5. Sé consciente de los ruidos a tu alrededor: intenta adivinar qué pájaro está haciendo ese ruido particular, qué está pasando en la calle, qué perro está ladrando.

6. Esta atento a cualquier olor inusual: un vecino haciendo una barbacoa, su compañero de cuarto haciendo una taza de café, el olor de las lilas en el jardín.

7. Vuelve lentamente.

Día 16

Meditación

Numerosos estudios confirman que meditar durante sólo 20 minutos al día, todos los días, puede tener numerosos efectos positivos tanto en la salud física como en la mental. Esto se debe en gran parte a que la meditación relaja la mente, lo que a su vez reduce la ira y la ansiedad, disminuye la presión sanguínea y ayuda a sentirse enraizado.

Para los que la practican regularmente, la meditación puede convertirse en una forma de vida. También puede ayudarte a enfrentarte cara a cara con los sentimientos que mantienes ocultos a los demás, o a ti mismo. En el caso de aquellos que han sufrido un trauma o algún tipo de abuso emocional o físico, la meditación puede traer la curación del dolor, la vergüenza o la culpa que a menudo está presente. Este tipo de curación es particularmente eficaz si llevas mucha ira reprimida y antigua.

La meditación es una habilidad, lo que significa que puede ser enseñada y perfeccionada con la práctica. Hay muchas maneras diferentes de hacerlo, y puedes elegir el estilo que más te convenga en función de lo que quieras conseguir con ella (por ejemplo, la meditación calmante vs. la meditación introspectiva), o de la tradición, cultura o disciplina espiritual que quieras seguir.

De las docenas de tipos de meditación que se practican hoy en día, los más populares son la meditación guiada o no guiada, la meditación caminando, la meditación budista, la meditación trascendental y la meditación para el sueño, para el estrés, para la ira, para la compasión.

El punto es que no hay una forma correcta o incorrecta de meditar. La meditación es una experiencia muy personal, y debes elegir la que te funcione.

Dónde meditar

La meditación no tiene por qué ser un asunto complicado, con un espacio especial para la práctica, luces tenues y música edificante. Idealmente, debe ser practicada en un espacio dedicado a ese propósito, sin embargo, eso es opcional.

Algunas personas se esfuerzan mucho en crear efectos especiales en la sala de meditación, pero estos ayudan sólo en el sentido de que crean una atmósfera en la que es más fácil apagarse y relajarse, y no son de ninguna manera esenciales para el éxito de la meditación. Con la práctica, puedes aprender a entrar en un estado meditativo en cualquier lugar, independientemente del "ruido" externo e interno.

3 cosas a tener en cuenta cuando se crea un espacio de meditación en casa:

- **Encuentra un espacio**

  Muy pocos de nosotros podemos reservar una habitación entera para la meditación, por lo que el espacio de meditación suele ser un rincón de una habitación que tiene otro propósito, como un dormitorio o un estudio. El espacio de meditación también puede ser una mesa decorada para ese propósito, una estantería, o incluso un tronco de árbol o un banco en el jardín.

- **Decorar el espacio**

  Esto es lo que lo hará propicio para la meditación. Como la meditación es una experiencia muy personal, cualquier cosa que te ayude a entrar en un estado meditativo está bien: una estatua de Buda, trozos inusuales de roca o madera, cristales, velas, fotografías, flores, hojas secas, frutas.

- **Haz tu espacio sagrado, es decir, especial**

  Haz que tu espacio de meditación sea sagrado haciendo que se vea y "sienta" especial comparado con otras partes de tu espacio vital. Es por eso que nunca debes mantener cosas "mundanas" en él, como libros, revistas, comida o ropa.

Beneficios para la salud de la meditación

Mientras que para la mayoría de la gente la meditación es un proceso de relajación, en el Ayurveda es un proceso desintoxicante que ayuda a eliminar los "desechos" de la mente. Gira alrededor de entrenar tu mente para que se concentre y libere la energía mental negativa que afecta a tus pensamientos, emociones y comportamiento.

La meditación afecta a todos los aspectos de nuestro ser:

- A nivel emocional, es una herramienta efectiva para vencer el estrés, la depresión y la ansiedad.

- A nivel mental, ayuda a calmar la charla interna para que puedas concentrarte y relajarte más fácilmente mientras ignoras los pensamientos que te distraen.

- A nivel físico, te calma. Cuando los latidos del corazón disminuyen y la presión sanguínea baja, el cerebro produce ondas alfa, en lugar de beta. Después de pasar un tiempo en este estado alfa relajado pero alerta, te sentirás tan refrescado como si hubieras dormido una siesta.

Numerosos estudios muestran que los meditadores habituales son generalmente más saludables que los que no lo son, y que la meditación ayuda no sólo con los trastornos relacionados con el estrés, sino con muchas otras enfermedades de hoy en día como las migrañas, el síndrome del intestino irritable, el asma, la ansiedad, la depresión leve, la presión arterial alta y las enfermedades cardíacas.

Técnicas de meditación

La meditación consiste en aquietar la mente y vaciarla de pensamientos que la distraen. Es mejor si puedes medirar a la misma hora y en el mismo lugar todos los días. No importa por cuánto tiempo lo hagas, siempre y cuando lo hagas correctamente. Si eres nuevo en la meditación, empieza con

10 minutos al día, y al final de la semana, deberías empezar a notar mejoras.

Técnica básica de meditación:

1. Siéntate cómodamente, ya sea en la posición de loto o, si tu espalda es débil, en una silla de respaldo recto con los pies en el suelo.

2. Cierra los ojos. Cálmate.

3. Respira lenta y constantemente.

4. Para mantenerte concentrado, puedes repetir un mantra y mirar un *mandala* o la llama de una vela. Esto es opcional.

5. Cuando hayas terminado, abra lentamente los ojos, mueve los brazos y las piernas para estimular la circulación, y luego ponte de pie. Toma un vaso de agua para hidratarte, ya que algunas personas se sienten mareadas después de estar sentadas mucho tiempo.

Tipos de Meditación

El tipo de meditación que elijas hacer debe ser el que funcione para ti y debe abordar la razón por la que lo haces: para calmarte, para obtener una visión espiritual, para dormir mejor, etc.

Meditación para el estrés y la ansiedad

La vida es estresante tal como es, pero si su día comienza con estrés inducido por el tráfico y termina de la misma manera - especialmente si pasa largas horas yendo y viniendo del trabajo- esto puede convertirse rápidamente en demasiado.

La razón por la que la meditación diaria y constante es tan efectiva para el manejo del estrés es que te ayuda a reprogramar tu cerebro para que se vuelva menos reactivo y más sensible.

El estrés suele hacer que la gente se preocupe demasiado, y los pensamientos acelerados dificultan la concentración en cualquier cosa. La meditación es una herramienta muy útil para calmar una mente hiperactiva. Con la práctica regular, puedes aprender a desprenderte de los interminables pensamientos, no olvidándote de ellos, sino controlando cuánto te quedas con ellos.

Meditación para la ira

Aunque hay diferentes formas de meditación para elegir, la llamada "meditación de la ira" tiene como objetivo abordar el problema de la ira no mediante el control de esta, sino dejando que siga su curso.

A este efecto, la meditación ayuda a cambiar el enfoque de pensar en quién o qué te hizo arribar al sentimiento real de la ira. Sientes la rabia, la vergüenza, la frustración o cualquier otra emoción que te provoque ira. Si hay una parte de tu cuerpo que está caliente o ardiendo de ira, como tu cara, estómago o cabeza, toma conciencia de ello.

Concéntrate en ese punto, y comienza a respirar lenta y profundamente. Intenta llevar tu respiración a esa zona. Continúa hasta que puedas sentir que la energía negativa se disuelve.

Meditación para dormir

Este tipo de meditación te enseña a no quedarte atrapado en pensamientos negativos antes de ir a la cama. Para muchas personas, no es hasta que se van a la cama, o justo antes de hacerlo, que finalmente pueden ir más despacio y relajarse. Es entonces cuando empiezan a reflexionar sobre el día detrás o delante de ellos. Así que, en lugar de prepararse para dormir más despacio, activan su mente pensando en los diversos problemas que tienen que afrontar o las tareas que les esperan por la mañana.

La meditación para el sueño suele ser una meditación guiada que te ayudará a dejar ir lo que estés pensando hasta que te relajes lo suficiente como para dormirte. Este proceso gira en torno al hecho de que la meditación ayuda a reducir el ritmo cardíaco y fomenta una respiración más lenta.

Para ayudar a combatir el insomnio, no pienses, lee o ve nada excitante que pueda hacer que empieces a pensar o a preocuparte. En su lugar, concéntrate en algo que te calme y te dé paz, como una foto, música o un pensamiento, y observa cómo tu cuerpo se relaja mientras se prepara para dormir.

Meditación guiada vs. no guiada

En la meditación guiada, eres guiado a través de "movimientos" de meditación por un maestro que te lleva a través de todos los pasos de una técnica de meditación en particular y que sugiere cómo puedes aplicar lo que has aprendido en tu vida diaria. Este tipo de meditación es particularmente bueno para los principiantes.

Durante la meditación no guiada o silenciosa, meditas por tu cuenta, ya sea completamente solo o como parte de un grupo, y nadie explica el proceso. Esto puede ser tan simple como sentarse en silencio y concentrarse en la respiración mientras se vacía la mente de pensamientos que distraen, o se puede aplicar una técnica de meditación particular (como la meditación para la ira, el sueño, etc.).

Meditación Zen

La meditación Zen se centra en la respiración y en cómo se mueve a través de tu cuerpo. No piensas en nada y dejas que la mente "sólo sea". Con este tipo de meditación, cultivas tanto la atención como el estado de alerta.

Meditación mantra

Con este tipo de meditación, en lugar de centrarse en la respiración para calmar la mente, te centras en un mantra. Tu mantra puede consistir en una sílaba, una palabra o una frase que resume lo que crees o a lo que aspiras.

La filosofía detrás de la meditación del mantra es que las sutiles vibraciones asociadas con el mantra repetido pueden alentar un cambio positivo, aumentar la confianza en sí mismo, reducir el miedo y fomentar la empatía. Básicamente, un mantra debe guiarte en la forma en que quieres vivir tu vida, por lo que debes elegir un mantra que te llame la atención.

Puedes elegir una cita:

- "Nuestra mayor gloria no está en no caer nunca, sino en levantarse cada vez que caemos." (Confucio)
- "Una persona es lo que piensa todo el día." (Ralph Waldo Emerson)
- "Las oportunidades no suceden, tú las creas." (Chris Groser)
- "No pueden quitarte tu autoestima si no se la das." (Mahatma Gandhi)

También puedes crear un mantra personal que resuma tus metas y aspiraciones:

- Puedo y lo haré
- Vivo simplemente
- Escribo mi destino
- Aprovecho el día

Meditación trascendental (TM)

La TM es una meditación de mantra silenciosa, normalmente practicada durante 20 minutos dos veces al día, aunque hay muchas variaciones. Meditas con los ojos cerrados y repites un mantra que te asigna tu maestro. Mientras meditas de esta manera, tu proceso de pensamiento "trasciende" y es reemplazado por un estado de conciencia pura.

A diferencia de otros tipos de meditación, la MT requiere un entrenamiento formal por un maestro certificado. No requiere concentración o contemplación, sólo respirar normalmente y centrar tu atención en el mantra.

Algunos estudios sugieren que este tipo de meditación no es una buena opción para aquellos que sufren de una cierta condición psiquiátrica.

Meditación caminando

Durante la meditación caminando, estás físicamente activo y enfocado en la experiencia de caminar. Caminas muy lentamente y te concentras en tu respiración. Lo ideal es que lo hagas en un lugar donde no te distraiga la gente, el tráfico o el paisaje.

Puedes practicar descalzo o usar zapatos ligeros, y puedes caminar en círculo si lo haces en un pequeño jardín. Intenta ser consciente de los sonidos a tu alrededor y de ti mismo moviéndote en ese lugar en particular. La meditación caminando es una gran técnica para mejorar la concentración.

El autor de autoayuda de renombre internacional y conferencista motivacional Wayne Dyer tenía grandes consejos sobre cómo se debe vivir la vida: "Anda más lento en tu viaje por la vida. Practica el yoga y la meditación si sufres de 'enfermedad de prisa'. Conviértete en más introspectivo visitando lugares tranquilos como iglesias, museos, montañas y lagos. Date permiso para leer al menos una novela al mes por placer. "

Día 17

El budismo zen y la importancia de vivir en el presente

Lo que es quizás la diferencia más sorprendente entre el budismo Zen y la cultura occidental es la comprensión de la felicidad. Mientras que la mayoría de la gente definiría la felicidad como obtener lo que quiere - tener un cierto modo de vida o ciertas posesiones materiales - la filosofía Zen se basa en la idea de que debemos dejar de esperar que nuestras vidas se desarrollen de la manera en que pensamos que deberían.

Por desgracia, cuanto más buscamos algo que nos haga felices, más probable es que nos decepcionemos. Pero para los budistas, la verdadera felicidad es un estado de ánimo, y miran profundamente en su interior cuando lo buscan.

Las herramientas del Zen que pueden ayudarte a alcanzar una etapa en la que empiezas a buscar la satisfacción dentro, en vez de fuera, son la meditación, la atención y la práctica de la bondad amorosa.

Vivir de acuerdo con estos principios no sólo facilita la búsqueda de la felicidad, sino que también dificulta el desarrollo de cualquier emoción negativa, especialmente la ira.

¿De qué se trata el Zen?

Mientras que el interés en el Budismo Zen está creciendo, muchos creen que seguir esta filosofía no es posible en el siglo XXI. Es cierto que el mundo moderno es muy diferente de la época en que el budismo apareció por primera vez; sin embargo, el principal obstáculo para una forma de vida Zen es que la obsesión por las posesiones materiales, el consumismo y la ambición personal - no el desarrollo espiritual - se han convertido en los valores centrales de la cultura occidental.

El Zen es de una simplicidad pacífica, pero el estrés de la vida cotidiana hace difícil aspirar a la armonía interior. Aun así, es posible abrazar los valores Zen si logras ir más despacio y vivir con cuidado.

<u>5 pasos para adoptar la filosofía Zen en medio del caos de la vida moderna:</u>

1. Encuentra tu técnica de meditación

La meditación es clave para el estilo de vida Zen, así que elige cómo quieres hacerlo. Hay muchos estilos para elegir, pero el elemento más importante para el éxito de la meditación es estar enfocado. Si tienes un estilo de vida ocupado y la multitarea te ayuda a sobrellevarlo, prepárate para dejar ese estilo de vida. Tu rendimiento general y los resultados de cualquier cosa que hagas mejorarán enormemente si empiezas a concentrarte en una cosa a la vez.

2. Disfruta del momento

Aprende a conformarte con lo que eres y con lo que tienes. Cuando aprendes a aceptar la vida que estás viviendo, dejas de preocuparte, y cuando te liberas de la preocupación disfrutas más de la vida. Saborear cada momento en medio del estrés y el caos en el que nos estamos ahogando no es fácil, pero es la única manera de evitar que la vida te pase de largo.

El conocido monje Zen vietnamita Thich Nhat Hanh lo dijo todo: "Beba su té lenta y reverentemente, como si fuera el eje sobre el que gira la tierra del mundo lentamente, de manera uniforme, sin precipitarse hacia el futuro".

3. Busca la felicidad en tu interior

Algunas personas son felices dondequiera que estén, mientras que otras son infelices, a pesar de todo. No tiene sentido buscar la felicidad en lugares lejanos, trabajos mejor pagados o coches más rápidos. La felicidad está dondequiera que estés ahora mismo, porque está dentro de ti. En lugar de buscarla a lo largo y ancho, mira en tu interior.

4. Haz una cosa a la vez

La mayoría de la gente tiene que hacer malabares con la familia, la carrera y la vida social, así que la multitarea se ha convertido en una forma de vida. Sin embargo, cuando vives así, todo lo que haces es cambiar tu enfoque de una cosa a otra a lo largo del día. Cuando no estás completamente concentrado, y en su lugar tratas de hacer varias cosas al mismo tiempo, se desperdicia mucha de tu energía y tiempo. Consigues mucho más si prestas toda tu atención a lo que estás haciendo, en lugar de esperar conseguir más cosas al asumir múltiples tareas.

5. Sé amable contigo mismo y con los demás

En cierto modo, el budismo y la inteligencia emocional se basan en los mismos valores: comprensión, empatía y perdón. Cuando aprendes a perdonar (tanto a ti mismo como a los demás), dejas de juzgar y culpar. Cuando tratas de entender por qué alguien ha hecho algo que te molesta, dejas de sentirte enojado. Cuando practicas la gratitud, te das cuenta de lo buena que es la vida en realidad. Sea lo que sea que decidas hacer, no subestimes el poder de la bondad.

Enfoque Zen de la ira

Todos nos enojamos de vez en cuando, pero lidiamos con esta poderosa emoción de diferentes maneras. Algunas culturas la reprimen, mientras que otras la expresan libremente, algunas incluso disfrutan del sentimiento.

Desde el punto de vista Zen, sentirse enojado es simplemente desperdiciar tu energía en un estado mental que no sirve para nada. Los budistas abordan la ira de una manera pragmática, mientras no la nieguen, no harán nada para ayudarla a crecer.

Mientras que los psicólogos nos dicen que la ira es normal y que debemos expresarla de manera constructiva, en el budismo, la ira es vista como la fuerza más negativa y destructiva, una que puede fácilmente destruir todo lo bueno del mundo. Por lo tanto, abordan la ira de una manera típicamente budista: neutralizándola con el no.

5 cosas zen para hacer cuando empieces a enojarte:

1. Está bien estar enfadado, no lo niegues.

Para los budistas, el miedo y la ira son emociones que drenan energía y que pueden controlar tu vida si las dejas. Con paciencia y práctica, puedes aprender a evitar estos estados mentales.

2. Aprende a no enojarte

En el budismo, la ira tiene una mala reputación, principalmente porque gira en torno al ego. Aun así, los budistas creen en la práctica de la bondad amorosa incluso con aquellos que los hacen enojar. Los budistas no se comportan agresivamente cuando se enojan, ni tratan de suprimir la ira. La tratan observándola, pero no participando en ella. En otras palabras, la neutralizan con comprensión y compasión.

3. Cultivar la paciencia

Si no puedes evitar sentirte enojado, date tiempo para calmarte y poder comunicarte sin hacer una escena o causar daño. Reconoce la ira y acéptala. Espera. Dale suficiente tiempo, y tu ira se desvanecerá por sí sola. La paciencia te da la oportunidad de analizar tus sentimientos de ira y entender por qué te sientes de cierta manera.

4. No alimentes la ira

Mientras que algunos terapeutas recomiendan descargar la ira de manera que no cause daño, como golpear una almohada, los budistas creen que cuando expresas tu ira, ya sea verbal o físicamente, la ayudas a crecer. Pero cuando la ignoras, la matas de hambre.

5. La compasión requiere valor

Muchas personas se sienten fuertes cuando están enojadas, probablemente debido a la descarga de adrenalina que inunda el cerebro, y consideran a los que nunca muestran ira como débiles cobardes. En el budismo, es al revés.

Los budistas creen que mostrar ira es un signo de debilidad, mientras que tener la fuerza para reconocer la ira, o el miedo que se siente al enfrentarse a una persona enojada o cuando se está en una situación peligrosa, es un signo de verdadera fortaleza.

Como la mayoría de las filosofías orientales, las enseñanzas del budismo Zen se centran en la aceptación y la paciencia. El Zen nos enseña a ser observadores de lo que pasa a nuestro alrededor y a abrazar tanto lo bueno como lo malo, porque hay una razón para todo.

Como Robert Green señaló, "Todo lo que te pasa es una forma de instrucción si prestas atención".

Día 18

Técnicas de paz interior para controlar la ira

Ninguno de nosotros pasa por la vida ileso y, con el tiempo, todos ideamos varias estrategias de afrontamiento para ayudarnos a lidiar con el estrés, los problemas, la ira y las decepciones. Sin embargo, no todas las estrategias de afrontamiento son saludables.

Las estrategias de afrontamiento poco saludables son las que la mayoría de la gente suele utilizar, principalmente porque requieren el menor esfuerzo y ofrecen una gratificación instantánea. Desafortunadamente, a menudo tienen efectos negativos a largo plazo en nuestra salud. Estas estrategias incluyen el alcohol, las drogas, los antidepresivos, el tabaco y la alimentación reconfortante.

Por otra parte, las estrategias de afrontamiento saludables, que ofrecen una mejor solución a largo plazo, no siempre son fáciles de implementar y puede llevar bastante tiempo que las primeras mejoras se vean.

Las estrategias saludables de control de la ira se basan en técnicas que ayudan a tomar el control de las emociones y a minimizar los efectos de los arrebatos de ira. Las filosofías orientales, como el budismo, el taoísmo y el yoga, recomiendan formas suaves, pero poderosas y efectivas, de manejar la ira que se centran en la paz interior y la autodisciplina.

El Tao de la paz interior

El taoísmo es un sistema de creencias que promueve la autoaceptación, la paz interior y la flexibilidad. La razón por la que el taoísmo y otras filosofías orientales se han hecho tan populares en Occidente es que, a medida que la vida se vuelve más compleja y las personas se encuentran enfrentando desafíos abrumadores en todos los niveles, tratan de encontrar una forma alternativa de lidiar con el estrés y restaurar el equilibrio interior.

El taoísmo enseña muchas cosas, la más importante de las cuales es que el pasado está detrás de ti y el futuro no está aquí todavía - debes centrarte en el momento presente. Y es por eso que estas ideas son tan difíciles de comprender para muchos. En Occidente, la gente pasa toda su vida rumiando sobre sus errores del pasado y preocupándose por cómo se las arreglará en el futuro. El estar abrumado por la incertidumbre (porque se preocupan constantemente por el futuro) y el agotamiento mental (por pensar constantemente en lo que pasó en el pasado) son las principales razones por las que la ansiedad, la depresión y los trastornos mentales están alcanzando proporciones epidémicas en el mundo desarrollado.

El Tao es grande en el perdón, por lo que su enfoque en el manejo de la ira es perdonar. Sin embargo, el hecho de perdonar o no, no importa realmente, ya que no cambiará lo que sucedió en el pasado. Lo que nos lleva a la clave del taoísmo en la aceptación de la vida. Aceptar el pasado por lo que es, porque ha sido y se ha ido. Concéntrate en el aquí y ahora.

El taoísmo no es una religión, sino un sistema de creencias cuya doctrina principal es que sólo la armonía dentro de las personas puede crear armonía en el entorno. Trata la ira cultivando la empatía, incluso para aquellos que hacen enojar a los practicantes. A través de la búsqueda constante de la paz interior, los taoístas desarrollan la habilidad de entender el sufrimiento de los demás, incluso de sus enemigos, sin juzgarlos.

<u>4 consejos taoístas para lograr la paz interior:</u>

Encuentra tu propia felicidad

La gente necesita cosas diferentes para sentirse satisfecha. No hay una receta para encontrar la felicidad, porque la felicidad significa cosas diferentes para cada persona. Sólo cuando encuentres tu propio sentido de la vida habrás encontrado la verdadera felicidad.

La paz no está a tu alrededor, está dentro de ti.

Para llegar a una etapa en la que puedas encontrar paz entre las multitudes, el ruido y el caos, tienes que ser capaz de apagarte, sin importar lo que esté pasando a tu alrededor o dentro de ti. Esto se logra a través de la meditación, que es una gran herramienta para desarrollar la autodisciplina.

Bajar las expectativas

Las expectativas son una causa importante de ira, porque te hacen demasiado ambicioso, competitivo y frustrado. La gente rara vez está satisfecha con lo que tiene y siempre quiere más. Según el taoísmo, cuantas más esperas, menos te conviertes: la clave de la felicidad es vivir en el presente y practicar la gratitud.

Simplifica tu vida

Cuando desatascas tu vida y tu mente de todas las cosas, pensamientos e información innecesarios, creas espacio para las personas y experiencias que realmente importan.

Yoga

A pesar de la forma en que muchas personas se acercan al yoga, es mucho más que un entrenamiento. Es una tradición espiritual que reúne el cuerpo, la mente y el espíritu, y *las asanas* son sólo una pequeña parte de ella. Según la filosofía del yoga, el propósito principal de los ejercicios físicos es preparar el cuerpo para largos períodos de meditación, porque es necesario ser mentalmente fuerte y físicamente flexible para poder sentarse quieto durante largos períodos de tiempo.

Equilibrio interior.

Sus tres elementos principales son el *pranayama* (ejercicios de respiración), la meditación y *las asanas* (ejercicios físicos). Y aquí es donde mucha gente que hace yoga se equivoca.

Para la mayoría de la gente (en Occidente, por lo menos), el yoga es simplemente una forma de ejercitar sus cuerpos. Sin embargo, aunque estos ejercicios han demostrado tener beneficios para la salud, no es eso lo que el yoga es en realidad. Sin el *pranayama*, las prácticas éticas y la meditación, no se está practicando realmente el yoga.

Esto significa que, si sólo puedes hacer poses simples, pero entiendes y sigues la filosofía del yoga, estás en un nivel mucho más alto de práctica del yoga que alguien que puede hacer incluso los ejercicios más exigentes sin entender por qué lo están haciendo.

Hay muchas escuelas de yoga diferentes, pero todas giran en torno al equilibrio de la mente y el cuerpo. Y, al igual que otras tradiciones espirituales, el yoga puede enseñarnos cómo reaccionar ante la ira sin reprimirla ni actuar agresivamente.

Según la filosofía del yoga, la ira debe evitarse a toda costa porque socava la esencia misma del yoga-lograr la felicidad y la libertad.

Los antiguos yoguis creían firmemente y practicaban el enfoque mente-cuerpo de la vida. Para ellos, la ira era una especie de bloqueo a nivel mental, físico o espiritual. Para liberar la energía bloqueada, usaban una combinación de asanas, *pranayama* y técnicas de meditación como principales herramientas de control de la ira con las que distraer la mente enojada de los pensamientos negativos. El modelo básico de yoga para controlar la ira es detener la charla interna (con la meditación) y cambiar el enfoque del disparador de la ira al ejercicio y la respiración (con *asanas* y *pranayama*).

Estas prácticas ayudan a controlar la ira al ponerte en un estado mental que promueve la tranquilidad y aumenta la autoestima mientras mejora tu salud física al equilibrar la producción de hormonas.

3 maneras en que el yoga ayuda a controlar tu ira:

1. El yoga te calma

La meditación y las técnicas de respiración son la esencia del yoga. Te ayudan a detener la charla interna y una vez que eso sucede, es más fácil sentirse relajado y libre de estrés. Cualquiera que haya asistido a una clase de yoga sabe lo ligero y tranquilo que se siente después. Esto se debe a que la práctica del yoga reduce las hormonas del estrés (cortisol y adrenalina) e induce la respuesta de relajación (elevando los niveles de oxitocina, una hormona que reduce la presión arterial y mejora los niveles de ciertos neurotransmisores que suelen ser bajos en quienes están abrumados por la negatividad). Y sólo en este estado mental relajado podemos "ver" claramente la verdadera razón de nuestra ira o ansiedad y aceptarla. Por lo tanto, hay evidencia basada en la ciencia de que la práctica del yoga inicia una serie de cambios químicos positivos dentro de tu cuerpo.

2. El yoga aumenta tu confianza

Haciendo yoga construyes tu fuerza física y mental, lo que a su vez potencia lo que sientes por ti mismo y por tu cuerpo. A medida que tu cuerpo se vuelve más flexible, tu piel más radiante, y comienzas a caminar con más gracia, no puedes sino sentirte orgulloso de ti mismo. Otra razón por la que tu confianza se dispara es que el yoga mejora tu salud tanto a nivel físico como mental, lo que afecta indirectamente a cómo te sientes sobre ti mismo y tu vida.

3. El yoga desbloquea tu energía

El yoga se trata del equilibrio del cuerpo, la mente y el alma. Para que esto suceda, la energía dentro de tu cuerpo tiene que fluir libremente. Desafortunadamente, a menudo se bloquea debido al estrés prolongado, la fatiga crónica, las emociones reprimidas, el miedo o la depresión. Como resultado, las emociones pueden desequilibrarse, y puedes fácilmente abrumarte con la negatividad. Cuando la energía "fluye" libremente, también lo hacen tus emociones, y las emociones saludables producen pensamientos saludables.

Hay varios *asanas* que son particularmente poderosas cuando se usan para liberar la ira y la frustración reprimidas, y se cree que la *garbhasana* y el *koormasana son* las más eficientes.

Según el conocido profesor y autor de yoga, TKV Desikachar, "El éxito del yoga no radica en la capacidad de realizar posturas sino en cómo cambia positivamente la forma en que vivimos nuestras vidas y nuestras relaciones".

Día 19

Terapia cognitiva conductual

La ira puede tener muchos desencadenantes y, dependiendo del temperamento, la cultura y el nivel de inteligencia emocional de cada uno, puede ser una fuerza positiva o destructiva. Empezamos a aprender sobre el manejo de la ira desde el momento en que nacemos: los bebés lloran de ira si se les deja hambrientos o mojados; algunos niños hacen berrinches si no pueden conseguir lo que quieren, mientras que otros intentan conseguir lo mismo siendo amables y dulces; y como adultos, aprendemos a lidiar con las frustraciones casi a diario.

Sin embargo, cuando nos encontramos en situaciones demasiado complejas para resolverlas por nuestra cuenta, o cuando nos enfrentamos a trastornos de salud mental que requieren un enfoque profesional, lo mejor es buscar un buen terapeuta.

Asesoramiento para el manejo de la ira

El asesoramiento funciona para muchos trastornos mentales, incluyendo el control de la ira. Aunque hay muchos enfoques diferentes para este problema, quizás el más conocido sea la terapia cognitivo-conductual (TCC). Lo mejor de ella es que puede lograr mejoras considerables relativamente rápido, en unos dos meses.

El enfoque de la TCC para el manejo de la ira es abordar una combinación de situaciones y creencias que pueden haber contribuido a la forma en que te sientes acerca de ti mismo, así como a las razones por las que experimentas la ira. Se centra principalmente en las experiencias y el tratamiento de tu infancia, incluyendo las creencias con las que te alimentaste y si fuiste maltratado o menospreciado.

Sin embargo, existen muchos otros tipos de terapia, y los síntomas de ira que experimentas pueden ayudarte a decidir cuál es la mejor para ti.

3 tipos de síntomas de la ira:

1. **Fisiológico** (ritmo cardíaco rápido, temblores, agresión a los demás, etc.)

2. **Cognitivo** (dificultades para concentrarse o recordar, soñar con la venganza, etc.)

3. **Comportamiento** (argumentos que resultan en violencia, conducción temeraria, abuso de alcohol, etc.)

Las personas que luchan contra los trastornos mentales a menudo se esfuerzan por determinar qué terapia sería la mejor para ellos. Con tantas opciones para elegir, quizás sea mejor consultar a tu médico para que te aconseje sobre esto. Aun así, también debes familiarizarte con el contenido de cada terapia, ya que puede haber algunas que te resulten más adecuadas.

<u>Diferentes terapias de control de la ira:</u>

- **Terapia en persona**

  Esto es cuando ves a un terapeuta de forma regular durante un período de tiempo prolongado. Puede ser por teléfono o en línea, en grupo o de forma individual.

- **Asesoramiento en línea**

  Este es un tipo de asesoramiento relativamente nuevo y requiere que tengas una computadora o un teléfono inteligente. Para muchos, ofrece un método de tratamiento original e innovador. Aunque este tipo de terapia te ahorraría mucho tiempo, puede que no sea adecuada para quienes prefieren la interacción cara a cara o carecen de conocimientos de informática.

- **Terapia de grupo**

  Lo mejor de este tipo de terapia es que proporciona tanto un terapeuta como un grupo de apoyo. Este tipo de asesoramiento es a menudo preferido por aquellos que disfrutan de ser parte de un grupo y no les importa discutir sus problemas frente a otras personas. También se benefician al escuchar qué tipo de problemas pueden enfrentar los demás y cómo los enfrentan.

- **Manejo de la ira residencial**

  Este tipo de terapia es más intensa y se utiliza para personas cuyas vidas se han visto gravemente afectadas por su incapacidad para hacer frente a la ira. Por el lado positivo, los clientes están alejados de su vida cotidiana y pueden concentrarse completamente en la terapia, pero este tipo de tratamiento requiere mucho compromiso, y no todo el mundo es capaz de estar alejado de su trabajo o de su familia durante un período de tiempo prolongado.

Otra opción es tratar el control de la ira con medicamentos, lo que generalmente implica antidepresivos, estabilizadores del estado de ánimo o medicamentos antipsicóticos.

Se prescriben medicamentos a los pacientes con problemas graves de ira, pero generalmente sólo como una solución a corto plazo hasta que se hayan calmado y puedan comenzar la terapia. Generalmente se evitan las drogas, ya que suelen tener efectos secundarios y existe la posibilidad de adicción. Por esta razón, la medicación se recomienda generalmente sólo como una solución temporal.

Terapia cognitivo-conductual (TCC)

La terapia cognitivo-conductual (TCC), que se utiliza con éxito para muchos trastornos diferentes, se basa en la idea de que la mejor manera de detener el círculo vicioso de pensamientos, emociones y conductas negativas es reemplazar los patrones de pensamiento destructivos por otros positivos.

La TCC es muy efectiva en el manejo de la ira y se centra en enseñar a los pacientes a controlar sus pensamientos y emociones y a interpretarlos de forma positiva.

7 pasos de manejo de la ira con la TCC:

1. **Evita los pensamientos negativos**

Esos que siempre son negativos sobre la vida nunca podrán ver nada positivo a su alrededor. Si tu mente está abrumada por la negatividad, necesitas aprender a ver la vida desde un ángulo diferente y darte cuenta de que las cosas no son tan malas como podrías haber pensado.

La TCC consiste en mirar el mundo, y tu vida, con más objetividad, y darte cuenta de lo mucho que tus pensamientos negativos "colorean" tus experiencias. Cuando aprendas a cambiar la forma en que reaccionas a las situaciones que provocan emociones negativas, sabrás que tu terapia de manejo de la ira ha tenido éxito. Por ejemplo, deja de sentir que las bromas sobre personas con sobrepeso siempre van dirigidas hacia ti, deja de culparte a ti mismo por no haber hecho más por tus abuelos mientras estaban vivos, o concéntrate en mejorar tu desempeño en lugar de preocuparte por la posibilidad de perder tu trabajo.

Tus pensamientos afectan a tus sentimientos, y viceversa: un patrón de pensamiento negativo se convierte finalmente en ira o en autocomplacencia. No tienes que tener pensamientos felices todo el tiempo, pero tampoco debes centrarte sólo en los pensamientos que te hacen sentir miedo, ansiedad o ira. No es un cliché que un estado mental positivo crea oportunidades y atrae experiencias positivas.

2. **Identifica de dónde viene tu ira**

El objetivo principal de la terapia TCC es hacer que los pacientes entiendan qué es lo que inicia el ciclo de pensamientos negativos, y aprender a evitarlos o detenerlos antes de que se salgan de control. Casi cualquier cosa puede ser un desencadenante de una emoción negativa, pero es la forma en que reaccionas a un desencadenante lo que decide si se convierte en un pensamiento o un comportamiento negativo, o si simplemente lo registras y lo dejas ir.

Acostúmbrate a analizar tu ira. ¿Hay un patrón? ¿Está empeorando? ¿Con qué frecuencia ocurre? ¿Son los desencadenantes siempre los mismos? Si sabes de dónde viene tu ira, puedes evitar los desencadenantes o estar mentalmente preparado para enfrentarlos.

Es la forma en que interpretas un pensamiento, un recuerdo, un comentario que alguien hace, o un evento que mejora o nubla tu juicio. Por eso es que la autocomplacencia negativa puede ser tan destructiva.

3. **Cultivar un entorno propicio**

La gente de tu entorno puede ser un pilar de comodidad y apoyo o una causa de sabotaje constante. Pueden ayudar a levantarte cuando estás deprimido, o hacerte sentir aún peor de lo que ya te sientes. Por eso es tan importante elegir tu compañía, especialmente si eres demasiado sensible y tiendes a tomarte las cosas de forma personal, o tienes problemas para controlar tu temperamento. Si tu reacción se desencadena fácilmente, y especialmente si tienes un historial de violencia, deberías intentar rodearte de personas que sean menos propensas a presionarte.

Esto no siempre es posible, pero lo que sí es posible es que hagas algunos cambios en tu comportamiento o en tu rutina diaria para evitar mejor las situaciones que te hacen enojar. Por ejemplo, si tiene un problema de ira en la carretera, considera la posibilidad de tomar el transporte público o de encontrar una ruta alternativa para ir al trabajo. Si tienes un problema con ciertos individuos, trata de que se reúnan contigo en un terreno neutral, como una cafetería o un parque, en lugar de en su oficina o casa, donde estar en su "territorio" puede hacerte sentir más vulnerable y menos en control de tus emociones.

4. **Responder rápidamente a las emociones negativas**

La rapidez con la que reacciones a un pensamiento negativo decidirá el éxito que tengas en evitar que ese pensamiento se convierta en un patrón de pensamiento. La negatividad engendra negatividad, así que el truco es evitar que un pensamiento negativo se convierta en una emoción negativa, que puede convertirse en una reacción negativa.

5. **Aprende a identificar tu umbral**

A veces, un cambio de escena es todo lo que se necesita para que la ira disminuya. Esto puede significar alejarse de tu oficina por unos momentos, de tu piso por un par de horas, o alejarse de la casa de tus padres. Muchos conflictos ocurren como resultado de la falta de "espacio para respirar", así que cuando sientas que empiezas a enojarte, si es posible, retírate de ese ambiente por un tiempo.

Algunas personas pueden tener rápidamente ideas sobre cómo responder a un desencadenante de la ira, otras necesitan más tiempo para pensar en cómo reaccionar. Aunque no es posible alejarse en medio de una reunión importante o de una entrevista de trabajo, cuando sienta que la ira aumenta, al menos tómate un par de momentos para componerte. Simplemente, cuenta hasta diez o respira profundamente antes de responder.

6. **Debilita tus desencadenantes si no puedes prevenirlos.**

Aprende a pensar racionalmente para poder calmarte cuando estés estresado y no te desquites con los demás. Un pensamiento negativo que se salga de control puede conducir a la rabia, que a menudo se dirige a los que están cerca, aunque no tengan nada que ver con tu problema.

Si evitar un desencadenante no funciona, al menos trata de debilitarlo desarrollando un pensamiento positivo o repitiendo una afirmación positiva que contrarreste el pensamiento negativo que te hace enojar: si crees que no es popular, piensa en aquellos que realmente disfrutan pasando tiempo contigo; si estás enojado contigo mismo por tener sobrepeso, piensa en todas esas personas que alguna vez tuvieron sobrepeso y lograron ponerse en forma por su propio esfuerzo.

Si te sientes muy negativo y nada parece mejorarlo, intenta hacer algo drástico. En primer lugar, abandona el lugar donde ocurrió el pensamiento negativo y evita leer o ver cualquier material negativo (como noticias que traten sobre la guerra, el terrorismo o los efectos destructivos del cambio climático). No hables con aquellos que siempre se quejan, están tristes o deprimidos. Aunque ver las noticias puede servir como una distracción de tus pensamientos negativos, también puede empeorarlos. Las noticias, películas o sermones que provocan miedo sólo alimentarán tu negatividad, mientras que lo que necesitas hacer es privarla de energía.

7. Mejorar las habilidades de comunicación

La falta de comunicación es muy a menudo la principal causa de malentendidos, discusiones o escenas de enojo. Cuando aprendas a comunicarte de manera efectiva y sepas cómo expresar tus sentimientos, verás que muchas de las situaciones que te hacen enojar desaparecerán. La mayoría de la gente prefiere hablar a escuchar y, muy a menudo, es aquí donde reside el problema. Por ejemplo, si hubieras escuchado atentamente, habrías entendido lo que el cliente quería realmente, o si haces saber a tus amigos lo mucho que te molesta cuando mencionan tu problema de acné, no acabarías enfadado y dolido cada vez que alguien saca el tema.

8. **Desafía tu pensamiento**

No es fácil admitir que te equivocaste. Después de identificar los desencadenantes de tu ira, pregúntate si quizás haya otras razones para tu ira que los desencadenantes hayan enmascarado. ¿Qué pasa si lo que crees que alguien quiso decir no es verdad? ¿Hay otra manera de pensar en el incidente que provocó una reacción tan violenta en ti? Desafiarse a ti mismo requiere coraje y madurez, pero te sorprenderá lo que puedes encontrar si cavas lo suficientemente profundo.

Una mentalidad negativa nunca es el resultado de un solo pensamiento negativo. Es la consecuencia de una serie de pensamientos negativos con los que has vivido durante algún tiempo, tal vez toda tu vida. Ten en cuenta tu entorno, la gente con la que socializas y las cosas que lees y miras, como todo lo que contribuye a tu estado de ánimo.

Día 20

Nutrición para el alivio del estrés

La dieta no sólo es el combustible que te mantiene en marcha, sino que también afecta a la frecuencia con la que te enfermarás, a la rapidez con la que te recuperarás, al peso que ganarás, al tiempo que vivirás y a otras cosas.

Hay una razón por la que Hipócrates dijo: "Que tu comida sea tu medicina y tu medicina sea tu comida".

La dieta no sólo ayuda a mantener una buena salud, sino que también se puede utilizar como medicina natural para corregir ciertos desequilibrios: más fibra mejorará la digestión, menos grasas no saludables reducirán sus posibilidades de padecer enfermedades cardíacas, menos sal disminuirá su presión arterial, los alimentos ricos en antioxidantes reducirán su riesgo de cáncer.

Las plantas que mejoran el estado de ánimo pueden utilizarse para calmar una mente perturbada y aliviar muchos problemas psicológicos, y no hay que estar enfermo para obtener estos beneficios. Puedes usarlas para elevar tu espíritu, traer tranquilidad, calmarte, lograr claridad mental o ayudar a la meditación.

Según el Ayurveda, combinar alimentos de diferentes colores es la mejor manera de comer, pero un nuevo estudio revela que este tipo de dieta no sólo es nutritiva y físicamente saludable, sino que también es buena para tu estado de ánimo

- los diferentes colores llevan diferentes energías y éstas tienen una influencia directa en tu estado de ánimo. Seas consciente o no, el color estimula tus emociones y motiva tus decisiones.

Combatir los trastornos mentales con la nutrición

Aunque a todos nos afecta el estrés, no todos saben que se puede controlar con una dieta. Ciertos alimentos proporcionan una protección natural contra el estrés simplemente porque aumentan los niveles de hormonas en el cuerpo que combaten naturalmente el estrés. También hay alimentos y bebidas que reducen el estrés al disminuir los niveles de hormonas que los desencadenan.

7 alimentos que te ayudan a vencer el estrés:

1. **Una bebida caliente**

   Todos sabemos que una taza de té te calmará, una taza de leche caliente o de cacao antes de ir a la cama te ayudará a dormir tranquilo, y que una taza de sopa ayuda si no te sientes bien. No son tanto los nutrientes de estas bebidas los que proporcionan una sensación de calma y curación, sino el calor de la bebida en sí. Por varias razones, hay algo muy reconfortante en una bebida caliente.

2. **Chocolate negro**

Como todos los amantes del chocolate saben, el sabor y el olor del chocolate son suficientes para reducir el estrés. Además, el chocolate negro es rico en antioxidantes, que se sabe que combaten el estrés y protegen el cuerpo de los radicales libres. Si se toma diariamente, puede ayudar a mejorar la salud del corazón, reducir la presión arterial, prevenir algunos tipos de cáncer, así como producir endorfinas que mejorarán su estado de ánimo. Si lo tomas diariamente, no deberías tomar más de 30 gramos.

3. **Carbohidratos saludables**

Los carbohidratos aumentan los niveles de serotonina, una sustancia química que mejora el estado de ánimo y reduce el estrés, lo que indirectamente mejora la función cognitiva. Sin embargo, hay carbohidratos saludables y no saludables. Para mejorar su estado de ánimo y reducir la ira inducida por el estrés, incluye los siguientes alimentos en tu dieta diaria: batata, arroz integral, avena, quinua, alforfón, remolacha, frijoles, garbanzos, zanahorias, mangos, plátanos, arándanos y manzanas.

4. **Aguacates**

Rico en ácidos grasos omega-3, es una de las frutas más saludables que puedes comer. Se sabe que estos ácidos esenciales reducen el estrés y la ansiedad, aumentan la concentración y mejoran el estado de ánimo.

5. **Peces gordos**

Otra gran fuente de ácidos grasos omega-3, que no sólo vencen el estrés, sino que alivian la depresión. La mejor fuente de ácidos grasos omega-3 son el atún, el fletán, el salmón, el arenque, la caballa, las sardinas y la trucha de lago.

6. **Nueces**

Los frutos secos están llenos de vitaminas y ácidos grasos saludables. Son particularmente ricas en vitamina B, que neutraliza los efectos del estrés. Añade almendras, pistachos o nueces a las ensaladas de fruta o verdura, al muesli, al yogur o a las sopas.

7. **La vitamina C**

Los altos niveles de vitamina C ayudan a reducir el estrés, por lo que hay que comer frutas y verduras frescas o tomar suplementos.

Nuestros cuerpos responden a las situaciones amenazantes enviando señales al cerebro de que está en problemas. El cerebro reacciona requiriendo comida que le ayude a pensar con más claridad y a estar listo para una respuesta física: lucha o huida.

La principal amenaza a la que nos enfrentamos hoy en día es la del estrés prolongado, ante el cual nuestros cuerpos reaccionan de la misma manera que cuando se enfrentan a un peligro físico. Sin embargo, después de que la amenaza ha pasado o después de que has escapado, tu cuerpo entra en un modo de recuperación caracterizado por un aumento del apetito para recuperarse del choque y el agotamiento. Es en esta etapa cuando muchas personas buscan alimentos reconfortantes para calmarse y recuperar la energía perdida durante una situación estresante.

Así es como la mayoría de nosotros luchamos contra el estrés. Sin embargo, hay un enfoque más saludable para el alivio del estrés.

3 consejos sobre cómo manejar el estrés con la dieta:

- En un día estresante, come menos y más a menudo.
- Come muchas frutas y verduras para obtener los nutrientes necesarios para combatir el estrés.
- Evita o limita los alimentos ricos en cafeína, como el café, el té, los refrescos y el chocolate.

Nutrición y control de la ira

El comportamiento de la ira va desde gritar en una almohada o salir a correr hasta el asesinato, y como muchas personas con problemas de ira terminan en la cárcel, no se deben ignorar ni siquiera los arrebatos de ira leves, especialmente si ocurren repetidamente. Hay diferentes maneras de tratar los trastornos de la ira, una de las más fáciles es con una dieta saludable.

Los estudios sugieren que los arrebatos incontrolables de ira son sólo uno de los muchos síntomas de varios trastornos del estado de ánimo, como la depresión, la ansiedad, el insomnio, la adicción, etc. Curiosamente, la mayoría de estos individuos tienen hipoglucemia, un problema de manejo del azúcar.

La razón por la que la hipoglucemia es común en las personas con ira crónica es porque esas personas suelen estar expuestas a niveles de adrenalina antinaturalmente altos. En situaciones de estrés, cuando el cerebro anticipa la inanición de energía, desencadena la secreción de adrenalina.

Cuando eso sucede, hay una descarga de adrenalina para alimentar el cerebro, así como la activación de la hormona de la lucha/vuelo. En tal estado, las personas se vuelven defensivas o agresivas.

Afortunadamente, este problema puede resolverse sin drogas a través de una dieta hipoglucémica basada en cuatro simples reglas:

1. Evitar el azúcar y los alimentos ricos en azúcar

2. Comer alimentos ricos en proteínas (pescado, huevos, pollo, carne)

3. Comer cada tres horas alimentos con carbohidratos complejos, incluyendo granos enteros, frutas, legumbres, vegetales verdes y vegetales con almidón, para ayudar a la liberación lenta de la glucosa.

4. Comer muchas verduras verdes y frutas frescas

5. Tomar suplementos como el complejo de vitamina B, vitamina C, vitamina D y probióticos.

Los que siguen una dieta hipoglucémica normalizan rápidamente sus niveles de azúcar en la sangre y las hormonas del estrés adrenalina y cortisol, que son responsables de los cambios de humor, la depresión, la ansiedad, el alcoholismo y otros trastornos mentales que a menudo conducen a arrebatos de ira.

Cada vez más científicos creen que lo que comemos contribuye a lo enojado que nos sentimos, y numerosos estudios muestran que una dieta alta en ácidos grasos trans está directamente relacionada con el aumento de la agresión.

Las grasas trans son grasas no saludables que se encuentran en las comidas que más disfrutamos: papas fritas, frituras y rebozadas, pasteles, palitos de margarina, manteca, escarchados, panqueques y waffles, helados, carne molida, carnes procesadas, galletas y pasteles, galletas, galletas saladas, cenas congeladas y chile enlatado.

Dejar de comer tus comidas favoritas no es fácil y es mejor hacerlo gradualmente durante un par de meses, de lo contrario es posible que no puedas hacer frente a los antojos. Sin embargo, si estás luchando con un problema de ira y sabes que la deficiencia de nutrientes es una de las principales causas de tus anormalidades de comportamiento, cambiar a un plan de alimentación saludable hará una mejora significativa.

La razón por la que los alimentos procesados son tan malos para la salud es que no son más que calorías vacías, que no sólo carecen de nutrición, sino que también contienen muchos aditivos de color y sabor poco saludables. Sólo con una dieta saludable tu cuerpo será capaz de producir las sustancias químicas y las hormonas que necesita para tener un pensamiento claro, un estado de ánimo saludable y unas emociones equilibradas.

En conclusión, puedes mantener tu problema de ira bajo control sin terapia si cambias tu dieta y te acostumbras a ella.

Prueba una dieta estabilizadora del estado de ánimo durante un mes y observa cómo cambia tu comportamiento y mejora tu estado de ánimo. Como señaló Bethenny Frankel, "Su dieta es una cuenta bancaria. Las buenas elecciones de alimentos son una buena inversión. "

Dieta estabilizadora del estado de ánimo:

1. Alimentos que estimulan el estado de ánimo: frutas y verduras, cuanto menos procesadas, mejor.

2. Muchos alimentos que producen dopamina: pescado, aves de corral, huevos y verduras de hoja.

3. Alimentos ricos en omega 3 para combatir la depresión: pescado, semillas de lino, semillas de chía, nueces

4. Alimentos ricos en magnesio para apoyar el sueño y la relajación: almendras, espinacas, semillas de calabaza, semillas de girasol

5. Alimentos ricos en vitamina D para prevenir los trastornos del estado de ánimo: pescado graso, yemas de huevo, hígado

6. Limitar el azúcar

Día 21

Poniendo todo junto

La idea de escribir este libro fue mostrar cómo puedes transformar tu vida tomando el control de tus pensamientos. Y cuando controlas tus pensamientos, puedes controlar mejor tus emociones y tu comportamiento.

En el tiempo estresante en el que vivimos, nuestra paciencia y tolerancia son a menudo desafiadas. El estrés típicamente lleva a más estrés, y los problemas de salud mental son a menudo el resultado de este círculo vicioso.

La negatividad es un efecto secundario común del estrés crónico, así como el mal manejo de la ira. Y la razón por la que las personas desarrollan una mentalidad negativa no es porque tengan una actitud negativa ante la vida, sino porque están abrumadas por el estrés y la ansiedad.

Entonces, ¿cómo se rompe este círculo de estrés-negatividad-más estrés-por-estrés-más estrés-más-negatividad? Entendiendo de dónde viene toda esta negatividad, y reconociendo que muchas veces no es el estrés, sino tus propios pensamientos autolimitados los que te hacen ver todo bajo una luz negativa.

Desafortunadamente, ser positivo no sucede de la noche a la mañana, ni puede suceder por sí solo. Es algo en lo que hay que trabajar, y que normalmente incluye tomar algunas decisiones importantes que cambian la vida.

Reordena tu mente

En una cultura obsesionada con la juventud, la belleza y la forma física, se recuerda constantemente cómo deben ser. Como resultado, tenemos una industria de salud y bienestar de un billón de dólares que se aprovecha de la idea de que no hay razón para que no todos tengamos cuerpos perfectos, hermosos dientes blancos y una piel impecable.

Sin embargo, si bien el cuidado de tu cuerpo es importante para tu bienestar, no significa que debas descuidar la parte que a menudo permanece bien oculta, a veces incluso de ti mismo: tu mente. Y el hecho de que tus emociones y pensamientos no se puedan ver, mientras que tus dientes, cuerpo y cabello sí se pueden ver, no significa que sean menos importantes.

En nuestro mundo superpoblado, rápido y competitivo, es fácil llegar a una etapa en la que te sientes tan abrumado por la vida que ya no puedes seguir el rastro de todos los cambios que se producen a tu alrededor. El cerebro no puede soportar mucho, y cuando ya no puede controlar la sobrecarga, puede responder desarrollando un trastorno de salud mental.

Si no puedes manejar tus pensamientos y sentimientos, empiezas a vivir con el piloto automático: apenas mantienes la cabeza por encima del agua, luchando para lidiar con el estrés, el miedo y la ira de los que tu vida parece estar llena. ¿Es sorprendente que los trastornos mentales se estén extendiendo como un incendio forestal? Algunos estudios incluso sugieren que la pobreza no es la razón principal del aumento de la delincuencia registrada, pero la verdadera razón es el creciente número de factores estresantes que la gente simplemente no está enfrentando.

Entonces, cuando llegas a un punto bajo en la vida, o mejor aún, antes de hacerlo, ¿por qué no haces algo para evitar que las emociones de ira, frustración y tristeza se apoderen de tu vida? Asume la responsabilidad de lo que estás pasando, pero no te rindas ante la derrota.

Si puedes permitírtelo, ve a un retiro de cambio de imagen mental. Si no puedes, puedes pasar página dándote un cambio mental sin dejar la comodidad de tu casa. Así como puedes renovar tu cuerpo, puedes rehacer tu mente con un nuevo enfoque de la vida.

Cambio de imagen mental

Las técnicas de cambio de imagen mental consisten en superar con éxito los desafíos, tomar el control de las emociones y mantenerse sano y feliz. Giran en torno a una alta autoestima y una actitud positiva.

10 consejos para el cambio de imagen mental:

1. Conócete a ti mismo

Cuando te conoces, comprendes qué situaciones te hacen sentir incómodo y las evitas cuando puedes, o se te ocurren formas de lidiar con ellas de una manera emocionalmente inteligente. No hay una receta para la felicidad y la satisfacción, es bueno entender lo que te hace feliz para que puedas hacer más.

2. Toma el control de tus emociones

Para una buena salud mental, es muy importante no guardar rencor o mantener las emociones reprimidas. Aunque la mejor manera de dejar ir las emociones no expresadas es hablar de ellas, si hay temas que no te apetece discutir o si no tienes a nadie con quien hablar, puedes elegir una forma no verbal de comunicación: escribir un diario, pintar, cantar o bailar. El truco es aprender a expresar tus emociones de una manera que no sea ofensiva para los demás o dañina para ti.

3. Mantén tu cerebro en forma

La razón por la que la mente se deteriora tan rápidamente una vez que la gente se retira es que ya no está estimulada. Mientras trabajas, estás constantemente bajo algún tipo de estrés y presión, y aunque esto puede ser malo para tu salud, mantiene tu mente alerta.

Para prevenir, o al menos retardar, el deterioro mental, piensa en juegos o actividades que mantengan tu cerebro ocupado. Si no tienes compañía, consigue una mascota. Si te gusta la lectura, únete a una biblioteca. Ve a conferencias, haz crucigramas, practica deportes, únete a un club, aprende un nuevo idioma o habilidad. Cuando cultivas nuevos intereses, abres la puerta a nuevas personas y nuevas experiencias en tu vida.

4. Aprende a disfrutar de la vida

¿Por qué es tan difícil? Algunas personas se sienten incómodas, incluso culpables cuando están disfrutando. Otros no saben cómo hacerlo. Algunos sienten que es un lujo que no pueden permitirse. Disfrutar de la vida se trata de encontrar placer en lo que haces, y no es un lujo porque no tiene que costarte nada.

Dependiendo de tu situación financiera, puede ser algo tan extravagante como unas vacaciones exóticas o tan simple como quedar con un amigo para tomar un café, plantar algunas flores en tu jardín o participar en una exposición canina. Aprender a disfrutar de la vida es encontrar una manera de sentirse feliz, sin importar lo que hagas o dónde estés. Disfrutar de la vida es ser feliz por estar vivo.

5. Meditar

La meditación es una gran manera de calmar tu mente y detener la charla interna para que puedas "oír" las cosas importantes. La meditación diaria a largo plazo mejora tu salud, y de hecho recarga tu cerebro para que estés más tranquilo y puedas manejar mejor las situaciones difíciles. También te vuelves más abierto y capaz de ver las cosas desde el punto de vista de los demás. En otras palabras, te vuelves más inteligente emocionalmente. Puede sonar como un cliché, pero la meditación cambia a la gente.

6. Cultivar la atención

Si aceptas la atención como una forma de vida, eliges ser plenamente consciente de tus pensamientos y emociones. La razón por la que la atención plena es tan importante para tu salud mental es que te hace sentir "centrado" y te ayuda a hacer frente a cualquier cosa que la vida te arroje. También mejora tu salud física al aliviar el estrés, e incluso puede reducir el color crónico. Cuando vives de forma consciente, estás totalmente presente en cualquier situación en la que te encuentres.

7. Concéntrate en lo que quieres, no en lo que no quieres.

Una de las mejores maneras de desarrollar una mentalidad positiva es cambiar tu mente de lo que NO QUIERES y NO TIENES, y de lo que NO PUEDES HACER, a lo que sí quieres, tienes y sabes. Sin embargo, tienes que abordar esto con cuidado, porque el enfoque sin intención te da lo que no quieres.

8. Dieta saludable

La comida tiene un efecto muy real en nuestro rendimiento físico (al proporcionarnos energía), en la actividad mental (al proporcionarnos claridad mental a través de alimentos ricos en vitaminas y antioxidantes) y en las emociones (al calmarnos o alertarnos, como el chocolate, el azúcar, la cafeína y el té). Para un bienestar a largo plazo, elige una dieta que te apoye en todos los niveles de tu ser.

9. Aumenta la imagen que tienes de ti mismo

Un verdadero cambio de mentalidad es imposible si luchas con la baja autoestima. Se trata de cómo piensas en ti mismo, lo que tu apariencia dice de ti, y lo accesible que eres. Sin una imagen positiva de ti mismo, te será difícil llegar lejos en la vida. Tal vez la forma más fácil de mejorar tu autoestima es pensar en ti mismo como te gustaría ser. Como señaló Napoleón Hill, "Lo que la mente puede concebir y creer, puede lograrlo. "

10.   Desarrollar la inteligencia emocional

Si tu vida no está demasiado desequilibrada, la mayoría de tus bloqueos mentales pueden superarse mediante el desarrollo de habilidades de inteligencia emocional, que puedes aprender de libros de autoayuda como este o de asistir a un curso de inteligencia emocional. Como persona emocionalmente inteligente, siempre estarás en contacto con tu mundo interior y confiarás en tu autoconciencia para que te guíe a la hora de tomar una decisión.

Tal vez, el éxito del cambio de imagen mental depende de cuánto creas en ti mismo. Como dijo Roy Bennett, "Eres más valiente de lo que crees, más talentoso de lo que sabes y capaz de más de lo que imaginas".

Gracias.

Antes de que te vayas, sólo quería darte las gracias por comprar mi libro.

Podrías haber elegido entre docenas de otros libros sobre el mismo tema, pero elegiste este.

Así que, mi ENORME agradecimiento a ti por conseguir este libro y por leerlo hasta el final.

Ahora, quería pedirte un pequeño favor. **¿Podrías considerar publicar una reseña en la plataforma? Las reseñas son una de las formas más fáciles de apoyar el trabajo de los autores.**

Esta retroalimentación me ayudará a seguir escribiendo el tipo de libros que te ayudarán a obtener los resultados que deseas. Así que, si lo disfrutaste, por favor, házmelo saber.

Manejo de la ira